Dr. Jean-Jacques Charbonier

# Wenn dein Kind über den Tod sprechen will



vianova
Verlag Via Nova

Dr. Jean-Jacques Charbonier

# Wenn dein Kind über den Tod sprechen will

## Wie wir Kindern Trauer und Abschiednehmen erklären

vianova
Verlag Via Nova

Übersetzung aus dem Französischen:
Angelika Rossbach

Originaltitel:
la mort
expliquée aux enfants
mais aussi aux adultes

by Dr. Jean-Jacques Charbonier



---

1. Auflage 2018
**Verlag Via Nova, Alte Landstr. 12, 36100 Petersberg**
Telefon: (06 61) 6 29 73
Fax: (06 61) 96 79 560
E-Mail: info@verlag-vianova. de
Internet: www.verlag-vianova. de
Umschlaggestaltung: Guter Punkt, München
Satz: Sebastian Carl, Amerang
Druck und Verarbeitung: Appel und Klinger, 96277 Schneckenlohe



ISBN 978-3-86616-448-2

---

Für Julien und Gabriel,
die Seelen der Kinder der nicht sichtbaren Welt,
die mich für die Gestaltung des Titelbildes
und das letzte Kapitel inspiriert haben.

# Inhaltsverzeichnis

# Vorwort

Nachdem sie dieses Vorwort gelesen hatte, sagte meine Frau Alexandra zu mir: „Du bist Charbonier gegenüber zu überschwänglich und scheinst geradezu besessen von dieser Thematik."

Nun ja, es stimmt, ich bin Psychiater, gut geerdet, daran gewöhnt, tagtäglich geduldig die ganze Bandbreite menschlicher Leiden anzuhören. Ich habe die original wissenschaftliche Ausbildung, habe meinem Universitätsstudium in Medizin zahlreiche weitere Zertifikate zugefügt, wie Neurophysiologie, angewandte Statistik zu klinischen und epidemiologischen Recherchen, und habe Nosographie (Beschreibung von Krankheitszuständen ohne Bewertung) studiert. Ich habe einen DEA erworben (forschungsbezogener Hochschulabschluss) in Neurowissenschaften, drei Bücher geschrieben und habe einen Vertrag mit Inserm (französisches Institut für Gesundheit und medizinische Forschung) über Vorgehensweisen bezüglich Verhaltens- und kognitiven Studien für Patienten mit chronischen Psychosen. Diese Aufzählung meiner „Titel und Studien" möge Sie veranlassen, dieses Vorwort auch zu lesen. Meine Frau hat tatsächlich Recht: Ich bin begeistert von der Arbeit Jean-Jacques Charboniers und es ist nicht in meinem Sinn, meine Emotionen zu mäßigen, da sie authentisch sind. Nun wissen Sie wenigstens auch, dass diese Lobrede nicht einem naiven und ungebildeten Geist entspringt…

Jean-Jacques Charbonier hat wieder einmal beeindruckt! Diese lapidare Formulierung scheint „vertraulich" und ist wirklich wahr! Noch ein großer Coup meines Kollegen im bereits (stark) wankenden Gebäude der materialistisch Denkenden. Er spricht und argumentiert seit vielen Jahren aus seiner Pionierarbeit: Das Bewusstsein ist unabhängig vom Gehirn und überlebt dessen Tod. Aber obwohl durch Beweise gestützt, kann es gewisse Skeptiker, für die kein Beweis genügt, nicht berühren. Charbonier wendet sich also an all jene, die mit ein wenig Offenheit des Geistes, gutem Glauben und Klugheit in Betracht ziehen, die Schlussfolgerungen, entstanden aus vierzig Jahren wissenschaftlicher Forschung im Bereich „perimortale Experimente", zu akzeptieren: Es gibt ein Leben nach dem Tod, welches nur ein Wechsel zu einem sehr besonderen Bewusstseinszustand ist.

Die erwachsene Leserschaft hatte bereits die Gelegenheit, das Buch *Sieben Gründe für ein Leben nach dem Tod* zu lesen, und nun haben auch Jugendliche und Kinder mit diesem exzellenten pädagogischen Essay die Chance, etwas zur Ebene des Jenseits erklärt zu bekommen bzw. was im Moment des Todes geschieht. Bis dahin wurden ihre Fragen angesichts des Todes, die sie einem Erwachsenen stellten, wahrscheinlich beantwortet mit betretenem Schweigen oder einem: „Wir sprechen später darüber", vielleicht begnügte man sich zu sagen: „Ich weiß es nicht" oder „Es gibt nichts nach dem Tod, deshalb nutze das Leben" oder auch „Das ist eben so, so wie der Messias gesagt hat...(je nach Religionszugehörigkeit)". Sie haben nun einen Ansprechpartner gefunden, der ihnen vom Tod in praxisnaher Art und Weise berichtet, was er durch Beweise gestützt, im Verlauf seiner großen klinischen Erfahrung und durch wissenschaftliches Rüstzeug selbst erfahren hat. Quer durch Berichte zahlreicher wahrer Erlebnisse stellt mein Kollege ein wahrhaftiges Lehrwerk über das Gehirn, das Bewusstsein und ihre Funktionen vor, sehr leicht zu verstehen und angenehm zu lesen. Er illustriert in meisterhafter Weise, was die Erfahrungen des bevorstehenden Todes uns über den Tod lehren und wie wir uns entwickeln können, um ein besseres Leben zu führen.

Aber Jean-Jacques Charbonier geht noch weiter: Als echter Vorreiter packt er Themen an, die für materialistisch eingestellte Wissenschaftler noch „tabu" sind, aber dennoch seit jeher von einem großen Teil der Bevölkerung erlebt wurden und die er zum Gegenstand seriöser wissenschaftlicher Studien gemacht hat. So gibt er sehr praktische Hinweise zur Existenz und zu Verhaltensweisen gegenüber Phänomenen wie Kommunikation mit Verstorbenen, medialen Veranlagungen, besitzergreifenden Geistern, Tierseelen. Ich selbst habe diese Phänomene ebenfalls studiert und die wissenschaftliche Literatur zusammengestellt, die deren Existenz bestätigt. Ich kann Ihnen versichern, dass alles, was Charbonier aussagt, wirklich seriös und real ist, so unglaublich es manchmal für unseren konditionierten Geist, der von Kindheit an durch materialistische Gedanken dominiert wird, zu sein scheint.

Liebe Eltern, Sie werden sicherlich ebenso viel lernen wie Ihre Kinder, wenn Sie dieses Buch lesen oder während Sie es vorlesen, wenn Ihre Kinder noch nicht in dem Alter sind, es allein lesen zu können. Vielleicht kommen Sie sogar zur selben Schlussfolgerung wie ich: Das Buch sollte in die Liste der Pflichtlektüre aufgenommen werden und das Erziehungsministerium müsste sich ernsthaft damit auseinandersetzen, ein neues Schulfach ergänzend zur Biologie, nämlich die Thanatologie (Wissenschaft des Sterbens, des Todes und der Bestattung) einzurichten. Wenn Sie dieses Buch lesen, das Sie in den Händen halten, werden Sie verstehen, was ich Ihnen sagen möchte: Zu verstehen, was der wahrhaftige Prozess des Sterbens ist, bedeutet, den Wert und den Sinn des Lebens zu verstehen, den universellen Plan unserer Seelen (unseres Bewusstseins, falls Sie diesen Terminus bevorzugen). Es bedeutet, schließlich zu begreifen, die Liebe, die „stärker als der Tod" ist, ins Zentrum unseres Lebens zu setzen.

Mit Suchenden wie Charbonier, werden Wissenschaft und Spiritualität von neuem vereint, um sich gegenseitig zu inspirieren und zu befruchten. Es ist wichtig für die neuen Generationen, zu ihren Seelen zurückzufinden und die essentielle Bedeutung der Liebe zu verstehen, um zu verhindern, dass die Erde und unsere Zivilisation nicht ins Desaster versinken, wie es den Anschein hat, wenn sich nichts ändert in unseren Einstellungen.

Diesem Buch eine lange Aktualität und Glückwünsche an den Autor!

Dr. Olivier Chambon
*Psychiater und Psychotherapeut,*
*Autor des Buches:* Expériences extraordinaires autour de la mort,
Réflexion d'un psychiatre sur la science et l'au-delà,
*Guy Trédaniel, Éditeur. 2012*

# Kurzes Vorwort des Autors an die Eltern

Ich habe inzwischen eine Überzeugung: Wir werden nicht als Materialisten geboren, sondern wir werden es. Unsere westliche Gesellschaft, stark beeinträchtigt durch diese Denkweise, schärft uns von frühester Kindheit an ein, dass wir ein Körper sind, der für immer im Moment des Todes verschwindet, und dass wir glauben, ihn nur während des irdischen Lebens zu bewohnen.

Vom „Alter der Vernunft" an lernen unsere Kinder, während sie die sieben Kerzen ihres Geburtstagskuchens ausblasen, die dogmatische Sichtweise dieses erschreckenden Konzeptes vom Tod kennen, das sie in unerträglich existentielle Ängste stürzt. Für die meisten bleiben diese Vorstellungen bestehen, bis sie von diesem überwältigenden Lichttunnel hören, den Menschen mit Herzstillstand kennengelernt haben.

Wir müssen feststellen, dass wir in unserer laizistischen und religiösen Erziehung versagt haben. Weder der einen noch der anderen Seite ist es gelungen, den Tod als Pforte zu betrachten, die sich zu anderen Ebenen öffnet. Unsere Kirchen sind leer und der Mangel an Spiritualität unserer Mitmenschen ist auffällig. Wir sollten also das Übel an der Wurzel packen und von Anfang an unseren Kindern ohne Ängste mit klaren, einfachen Worten erklären, was der Tod in Wahrheit ist.

Deshalb wollte ich dieses sehr inspirierte Buch schreiben. Ich behaupte nicht, dass es meine kleinen Neuronen waren, die es ersonnen haben; das wäre mir zu anmaßend. Es wurde mir gewissermaßen aus dem Jenseits „diktiert". Ich habe es in nur wenigen Wochen geschrieben.

Von der ersten bis zur letzten Zeile, alles wurde mir diktiert. Ich bin davon absolut überzeugt und sogar – vor allem – in Bezug auf das finale i-Tüpfelchen des Buches, diese Geschichte über Julien und Gabriel, die man als Parallele betrachten kann von Léon und sogar auch Gabriel, die in meinem Buch *Sieben Gründe für ein Leben nach dem Tod* erzählt wird. Aber die Art und Weise, wie das Cover des Buches *Sterben – was ist das?* realisiert wurde, ist noch verblüffender! Ich erzähle es Ihnen.

Kurz nach der Aushändigung des Manuskriptes ließ mich mein Verleger wissen, dass das Cover fertig ist, und alle Personen, die es gesehen haben, sagten, es sei „super geglückt". Er erzählte mir, dass eine Kinderhand dargestellt sei, die einen toten Vogel hält, die dominierenden Farben seien blassviolett und dunkelblau. Ich war nur halbwegs überzeugt von dieser telefonischen Beschreibung; es waren zweifellos der tote Vogel und das dunkle Blau, welche mir ein wenig Kummer bereiteten. Der Tod ist traurig genug, als dass man noch eins draufsetzen sollte. Ich kehrte in mein Büro zurück und versuchte, mir eine andere Möglichkeit der Präsentation für die zukünftigen Leser vorzustellen, und da, Überraschung! Meine Haushaltshilfe hatte, aus welchem unvorhergesehenen Impuls auch immer, alle meine Sachen umgeräumt! Für mich sehr erstaunlich, denn Maria wagt es niemals, in die Höhle des „Monsieur Jean-Jacques" einzudringen, in der eine beeindruckende Unordnung herrscht, die ausschließlich von mir selbst verwaltet wird. Auf meinem Arbeitstisch, neben der Computertastatur waren brav arrangiert ein Spiralblock, zwei Ansteckbuttons in Form von Smileys und eine Dose mit Buntstiften. Ich hatte diese ungewöhnlichen Gegenstände, die wer weiß wo gefunden wurden, total vergessen. Ohne zu wissen, warum oder wie, setzte ich mich und begann in weniger als einer Minute quasi unkontrollierbar mit meinen Händen eine erstaunliche zeichnerische Darstellung. Nach der Fertigstellung hörte ich eine innere Stimme: „Geschenk. Cover deines Buches. Wir helfen dir gern!"

Ich habe sofort meinen Verleger angerufen, der, berührt durch dieses Erlebnis, entschieden hat, diese Präsentation für das neue Werk zu verwenden. Ohne mich zu rühmen, zeichne ich normalerweise viel besser. Ich habe sogar 18 von 20 Punkten in der freiwilligen Abiturprüfung erhalten, in der ich ein öffentliches Plakat über ökologische Werte gestalten sollte. Ganz offensichtlich ist diese „künstlerische Kreation" nicht von mir. Sie richtet sich an Kinder und ist von einem derjenigen gestaltet worden, die bereits der anderen Welt angehören.

Vielen Dank dem Jenseits für dieses wunderbare Geschenk.

So, liebe Eltern, das wollte ich Ihnen an Stelle einer Einleitung mitteilen.

# Ich kenne dich nicht

Ich kenne dich nicht, ich weiß nicht, wer du bist und wie alt du bist: 7 Jahre, 12 Jahre, 14 Jahre?... Viel älter?

Vielleicht bist du sehr traurig?

Traurig wie nie zuvor, denn du hast vielleicht gerade jemanden verloren, den du sehr lieb hattest, oder war es ein Tier, dem du einen großen Platz in deinem Herzen geschenkt hattest. Oder hast du vielleicht nur Angst vor so schweren Ereignissen, die eines Tages kommen könnten?

Vielleicht ist auch nur der Gedanke ans Sterben für dich unerträglich?

Vielleicht hast du gerade erfahren, dass du sehr krank bist? Du stellst Fragen über die große Reise ins Jenseits, die du vielleicht bald machen wirst, auch wenn man seit langem weiß, dass unerwartete und unerklärliche Heilungen ganz im Gegensatz zu den Voraussagen der Ärzte immer möglich sind.

Hättest du es gern, dass ein Mensch, den du aussuchen möchtest, dir alle diese Seiten vorliest? Du hörst am Abend vor dem Einschlafen zu oder auch während des Tages, wenn alles um euch herum still ist. Das soll sich anfühlen wie euer kleines Ritual. Vielleicht.

Du merkst, ich bin mir nicht sicher.

Über etwas bin ich mir dennoch sicher: Wenn du verstanden hast, was dir dieses Buch erklären möchte, wirst du viel weniger Angst vor dem Tod haben und wirst weniger traurig sein bei dem Gedanken, jemanden, den du liebst, zu verlieren.

Du wirst eigentlich nicht mehr derselbe Mensch wie vorher sein, denn du betrachtest das Leben und den Tod auf eine ganz und gar neue Weise.

Ich werde dir erklären, warum…

# Stopp oder fortfahren?

Bevor ich dir vom Tod erzähle, muss ich dir verschiedene wichtige Dinge sagen, von denen du wahrscheinlich noch nie gehört hast.

Einige werden dich überraschen, denn sie werden von niemandem unterrichtet oder erklärt. Wenigstens noch nicht…

Ich bin sicher, auch du wirst manchmal denken, dass das, was ich geschrieben habe, unmöglich oder völlig falsch ist.

Solche Reaktionen sind normal. Wir alle reagieren gleich, wenn Informationen nicht mit dem übereinstimmen, was wir wissen oder gelernt haben. Wir haben den Reflex, sie zurückzuweisen, um nicht unser Leben durcheinanderzubringen, indem wir unsere Glaubenssätze verändern. Wir stellen gerne die Menschen, die uns unbequeme neue Dinge sagen, als Lügner dar.

Versuche bitte alles zu vergessen, was man dir über den Tod gesagt hat, und betrachte das Thema, als wüsstest du gar nichts darüber.

Versuchen wir es, möchtest du?

Wenn du meinen Vorschlag akzeptierst, kannst du die Lektüre fortsetzen. Wenn nicht, ist es unnötig, deine Zeit zu vergeuden. Schließe das Buch und verschenke es an jemanden. Beschäftige dich mit anderen Dingen, denn diese hier brauchst du nicht.

Du stellst sicher fest, dass ich ein bisschen sehr direkt bin, sogar ein wenig grob, doch ich ziehe eine Klarstellung von Anfang an vor.

Es liegt bei dir und nur bei dir, von jetzt an zu entscheiden: „stopp oder fortfahren“.

# Lernen wir uns kennen

Du hast also mein Angebot akzeptiert und dich entschieden, die Lektüre fortzusetzen. Ich gratuliere dir, du wirst es nicht bereuen.

Diese Wahl ist nicht selbstverständlich, denn die meisten Menschen mögen es nicht, wenn man ihre Überzeugung zu einem so schwierigen Thema wie diesem in Frage stellt. Man könnte sagen, dass sie nicht bereit sind, ihren Geist zu öffnen. Du hast sicherlich schon von diesem Ausdruck gehört, der im Sinn von „Geist" benutzt wird und den die meisten Menschen „Bewusstsein" nennen. Wir werden Genaueres darüber in einem anderen Kapitel hören.

Jeder von uns, du bestimmt auch, hat seine eigene Vorstellung vom Tod und sich eine bestimmte Meinung darüber gebildet. Eine Meinung, die dich dazu bringt, auf eine ganz bestimmte Weise zu leben. Wer sich zum Beispiel sicher ist, dass der Tod das Ende von allem ist, wird von diesem Buch nicht berührt werden. Er könnte denken, dass der Tod für ihn kein Problem ist, denn wenn man lebt, ist man nicht tot, und wenn man tot ist, ist da nichts mehr! Er arrangiert sich mit seiner Vorstellung, indem er alle Vergnügungen, die ihm das Leben bietet, in höchstem Maße ausnutzt. Aber er wird sehr unglücklich beim Verlust eines geliebten Menschen sein, denn er glaubt, ihn für immer verloren zu haben. Das ist natürlich keine tröstliche Lösung, um solch schwierige Momente durchzustehen.

Ich bitte dich, mir zu vertrauen. Alles, was ich auf diesen Seiten geschrieben habe, ist wirklich wahr. Ich habe nichts erfunden.

Ich bin nicht interessiert, dir falsche Geschichten zu erzählen oder Kindermärchen, damit du aufhörst, zu weinen oder Angst zu haben bei dem Gedanken, zu sterben oder jemanden, den du liebst, zu verlieren. Nein, gar nicht.

Was ich weiß und was du beim Lesen lernen wirst, ist, dass der Tod nicht das Ende von allem ist, dass sich das Leben auf eine andere Art fortsetzen wird, wenn der Körper aufhört, zu atmen und sich zu bewegen. Das kommt dir unglaublich vor, nicht wahr? Das ist normal, denn was ich da gerade behaupte, ist genauso unvorstellbar für viele Erwachsene, die selbst nicht wissen, was im Moment des Todes passiert.

Ich bin Notfallarzt. Dieser Arbeitsbereich ist nicht sehr bekannt, doch dank ihm konnte ich alles schreiben, was ich über den Tod und das Leben danach weiß.

Um meinen Beruf auszuüben, muss man viel studieren. Nach dem Abitur, dem Erreichen des Diploms als Doktor der Medizin nach sieben Jahren Studium, muss man noch vier Jahre zusätzlich lernen und zahlreiche Prüfungen bestehen. Du siehst, es ist sehr lang und schwierig. Man muss sehr genau die Funktionen des Körpers erlernen, die Krankheiten kennen und die Möglichkeiten wissen, wie man sie heilen kann.

Aber die Besonderheit meiner Spezialität besteht darin, die Menschen in eine Narkose zu versetzen, damit man sie operieren kann. Dadurch empfinden sie nicht den geringsten Schmerz, und wenn sie aufwachen, kommt es ihnen vor, als hätten sie ein kleines Schläfchen gemacht.

Solltest du eines Tages ebenfalls die Chirurgie benötigen, wird dir ein Narkosearzt Fragen stellen.

Nachdem er dich befragt hat, wird er dich einschlafen lassen durch einen kleinen Stich in den Arm oder er lässt dich ein Gas mit einem bestimmten Geruch einatmen. Die meisten Kinder wählen lieber das Gas an Stelle der Armspritze, obwohl der kleine Stich sehr schnell gemacht ist und man fast keine Zeit mehr hat, „au“ zu sagen!

Es ist lustig, wenn man in Narkose versetzt wird; man hat den Eindruck, in den Wolken zu fliegen wie Peter Pan. Du kennst Science-Fiction-Figuren, die sich in die Lüfte schwingen können? Das ist so ähnlich. Du könntest das Gefühl haben, über deinem Körper zu schweben, während der Chirurg operiert, was in deinem Körper nicht gut funktioniert oder wo etwas krank oder verletzt ist. Du wirst nichts merken, als hättest du deinen Körper verlassen. Das ist super, oder?

Es gibt Menschen, die beschreiben konnten, was der Chirurg tat, während er sie operierte, so, als wären sie unterhalb der Decke des OP-Saales. Aber in den meisten Fällen erinnern sich die Kranken nicht und können nichts davon berichten. Ihr Gehirn lässt sie lieber alles vergessen. Erinnerst du dich an deine Träume? Eher nicht. Trotzdem träumen wir alle, jede Nacht mehrmals.

Nach der Narkose ist die Wiederbelebung die zweite Aufgabe in meinem Beruf. Sie besteht darin, die sehr kranken oder durch einen Unfall schwerverletzten Patienten zu betreuen. Unglücklicherweise haben diese Menschen dermaßen viel Schmerzen, dass wir sie künstlich schlafen lassen müssen, um ihr Leid zu lindern. Das ist genau dasselbe wie eine Narkose vor einer Operation. In diesem Fall dauert allerdings der Schlaf, den man herbeiführt, viel länger, Tage, Wochen oder sogar Monate. Der Mensch bewegt sich in dieser Situation nicht mehr und eine komplizierte Maschine sorgt dafür, dass er atmet. Man sagt, er ist in einem künstlichen Koma. Auch hier erzählten die Menschen, dass sie hörten und sahen, was um sie herum passierte, als schwebten sie an der Zimmerdecke. Merkwürdig, oder? Aber auch hier erinnern sich die meisten der geheilten Koma-Patienten an nichts; für sie ist die Zeit im Koma wie etwas Schwarzes in der Erinnerung.

Wenn du deine flache Hand auf die linke Seite deiner Brust legst, wirst du deinen Herzschlag spüren, in der Ruhe etwa ein Schlag pro Sekunde.

Man betrachtet einen Menschen als tot, wenn das Gehirn nicht mehr funktioniert und sein Herz für mindestens 20 Sekunden aufgehört hat zu schlagen. Gewöhnlich steht ein Herz, das so lange nicht geschlagen hat, für immer still. Ich weiß, du denkst, 20 Sekunden sind sehr kurz. Überhaupt nicht! Zähl langsam bis zwanzig: eins… zwei… drei… vier… fünf… sechs… Du siehst, ich habe Recht, nicht wahr?

Es passiert manchmal, dass der Notarzt erfolgreich ein seit Minuten stillstehendes Herz wieder zum Schlagen bringt. Also war der Mensch tot und kehrt ins Leben zurück. Viele von ihnen können erzählen, was im Augenblick ihres Todes passiert ist. Ihre Berichte lassen ganz klar erkennen, dass das Leben nicht mit dem Tod endet.

Der Kranke oder Verunglückte ist zurückgekehrt von einem Herzstillstand wie ein Reisender, der aus einem unbekannten Land zurückkehrt.

Wenn du dir ein Bild machen möchtest von einer Gegend oder einem Land, wo du niemals warst, ist es wichtig, jemanden anzuhören, der diese Orte schon besucht hat. Er berichtet über seine Erlebnisse und du hörst ihm zu. Bist du mit dieser Methode einverstanden? Gut, perfekt. Wenn mehrere Reisende denselben Ort besuchen, werden sie dir in etwa dieselbe Beschreibung von dem geben, was sie gesehen haben. Das ist genau dasselbe für diejenigen, die schon eine Reise in das Land des Todes gemacht haben: Sie haben alle dieselbe Erfahrung gemacht, die eines vorläufigen Todes. Es sind Hunderte von Erzählungen, die ich geduldig während fünfundzwanzig Jahren gesammelt habe und die mir erlauben, all das zu verstehen, was ich dir in diesem Buch erklären möchte.

# Körper und Geist

Du solltest zunächst wissen, dass du Geist bist, der in einem Körper „wohnt“.

Ich höre schon deine Frage: Du willst wissen: „Was ist der Geist?“

Also, ich werde dir antworten: Das bist du! Ja, du. Dein wahres Wesen. Du bist nicht dein Körper; du bewohnst ihn. Das ist ein Unterschied.

Dein Körper verändert sich. Er wird größer, dicker, älter. Er kann manchmal beschädigt sein, wenn er krank oder verunglückt ist. Am Ende seines Lebens verschwindet er; im Moment des Todes.

Dein Geist verändert sich auch, aber nicht auf die gleiche Art. Er macht immerzu Erfahrungen und Fortschritte. Wie in der Schule. Aber in dieser Schule des Lebens zählt am meisten, dass du lernst, dich selbst und deine Mitmenschen genauso wie dich selbst zu lieben.

Im Gegensatz zu deinem Körper nutzt sich dein Geist nicht ab durch Alter, Krankheit oder Unfälle. Im Gegenteil, er wird von den Prüfungen des Lebens bereichert. Je mehr ein Geist schwierige Dinge überstehen muss, umso stärker und größer wird er. Je komplizierter die zu lösenden Prüfungen sind, umso mehr verbessert er sich. Und vor allem, ja vor allem, im Unterschied zum Körper stirbt der Geist niemals.

Du weißt, du existierst dank deines Geistes. Du denkst, du überlegst, du hast gute oder schlechte Gedanken dank deines Geistes.

Der Geist ist wie der Fahrer eines Autos; er lenkt deinen Körper. Der Körper ist das Fahrzeug deines Geistes. Verstehst du das? Ich weiß: „Es ist nicht schwer zu verstehen, aber echt schwierig zuzugeben. Ich werde es dir später erklären.

Wir müssen unseren Körper pflegen, wie es der Autofahrer mit seinem Wagen macht, damit er eine große Zahl an Kilometern im bestmöglichen Zustand zurücklegen kann. Wir müssen ihm zu essen und zu trinken geben, ihn waschen, vor Kälte und Hitze schützen, zum Arzt gehen, wenn er krank ist, und versuchen, ihn nicht zu verbeulen.

Ich weiß, was ich gerade sage, bringt dich zum Lachen. Sich deinen Körper verbeult vorzustellen wie eine Konservendose, bringt dich zum Lachen und es ist dein Geist, der dich lachen lässt.

Der Geist liebt das Lachen. Er hat Humor. Man sagt übrigens über humorvolle Menschen: „Sie haben Geist“.

Lachen ist die beste Waffe gegen Dummheit. Die von anderen natürlich, aber sehr oft auch deine eigene.

Lachen wird es dir ermöglichen, dich besser mit Prüfungen auseinanderzusetzen, die dir im Verlauf deines Lebens gestellt werden.

Es wird dir helfen zu verstehen, dass es nicht das Wichtigste ist, in den Augen der anderen als der Stärkste, der Größte, der Reichste, der Schönste, der Muskulöseste, der Intelligenteste, der Belesenste, der Jüngste und so weiter zu erscheinen. Nein! Das Lachen wird dich lehren, über dich selbst zu lachen, wenn du es verdienst, und besonders, wenn du andere überholen willst, um dich über sie zu erhöhen, denn in diesem Moment bist du der Lächerlichste.

Man muss nicht unglücklich sein, wenn der Körper einen Schaden hat oder alt wird, denn der Geist, der ihn lenkt, bleibt intakt, was auch immer geschieht. Hier möchte ich dich auf etwas aufmerksam machen. Es gibt gelegentlich schöne Autos mit schlimmen Fahrern und umgekehrt hässliche Autos mit sehr schönen Fahrern. Hast du das schon bemerkt? Das ist genau das Gleiche für Geist und Körper. Es zeigt uns, dass man sich nicht auf das äußere Erscheinungsbild verlassen soll! Du wirst in deinem Leben sehr schönen Menschen begegnen in sehr hässlichen Körpern und sehr schlimmen in wunderschönen Körpern.

Du kannst auch Menschen begegnen mit einem schönen Geist in einem prachtvollen Körper, aber das ist viel seltener, leider.

# Du bist der Meister deines Lebens

Dein Geist bestimmt und dein Körper gehorcht. Du bist also der Chef deines Lebens.

Alles beginnt am Morgen, wenn dein Geist von deinem Körper verlangt, wach zu werden. Dein Gehirn hat vielleicht die Stimme deiner Mama gehört, die dir zuruft, aufzustehen und zur Schule zu gehen. Es wird diese Botschaft deinem Geist senden, der entscheidet, ob du gehorchen musst oder nicht.

Wenn du dich entschließt aufzustehen, wird dein Geist deinem Gehirn die Befehle erteilen, die Augen zu öffnen und die Beine zu bewegen, und du stehst ohne Probleme aus deinem Bett auf. Wenn du es aber vorziehst, im Bett zu bleiben, wird dein Gehirn die Befehle erhalten, die Augen geschlossen zu lassen und die Beine nicht zu bewegen. In diesem Fall wirst du sehr schnell wieder einschlafen.

Dein Geist ist so begabt, dass er überhaupt kein Klingeln des Weckers braucht, wenn er um eine bestimmte Uhrzeit wach werden will. Wenn er glaubt, es sei wichtig, dass du um sieben Uhr aufstehen solltest, ist er ganz und gar in der Lage, dein Gehirn zu programmieren, dass du zu diesem Zeitpunkt die Augen öffnest.

Mache dieses kleine Experiment an einem Samstagabend; sage dir beim Einschlafen, dass es sehr, sehr, sehr wichtig ist, am nächsten Tag um sechs Uhr morgens wach zu werden. Du wirst sehen, ich habe Recht. Achtung, damit dieses Experiment funktioniert, musst du in deinem tiefsten Inneren fest überzeugt sein, dass es wichtig ist, an einem

Sonntagmorgen um sechs Uhr aufzustehen. Nicht selbstverständlich, dass es klappt, hm…

Wir haben den Hang zu glauben, dass das Gehirn alles entscheidet. Das ist falsch. Nur du durch deinen Geist bist in der Lage zu entscheiden. Das Gehirn entscheidet nichts. Das ist ein Organ wie alle anderen; nicht mehr. Jedes Organ hat eine ganz bestimmte Aufgabe. Die Lungenflügel sind eine Art Luftsäcke, die der Atmung dienen.

Das Herz ist eine Pumpe, die das Blut verteilt, um Nährstoffe zu liefern und Sauerstoff aus der Atemluft.

Die Eingeweide enthalten 100000 Milliarden kleiner Lebewesen, die wir Bakterien nennen. Diese zerlegen die wertvollen Inhaltsstoffe unserer Nahrung und ermöglichen deren Aufnahme in den Körper, damit er die daraus gewonnene Energie für sein Funktionieren erhält.

Leber und Bauchspeicheldrüse helfen mit ihren Verdauungssäften, die Nahrung aufzunehmen.

Das Gehirn übernimmt eine ganz bestimmte Rolle: nämlich Botschaften zu übermitteln; es registriert und gibt Informationen weiter. Es ist zusammengesetzt aus Milliarden von Zellen, die man Neuronen nennt. Kurz, das Gehirn ist eine Art weißliche und gelatineartige Kugel, die wir im Kopf haben. Ich weiß, du denkst: „Igitt, ist das eklig!“, nicht wahr? Oh! Oh! Oh! Ekle dich nicht, wir sind alle gleich. Dieser zähflüssige Bereich in deinem Schädel hat eine wichtige Aufgabe: Er nimmt und untersucht alles, was du siehst, was du hörst, was du fühlst, was du berührst, was du schmeckst. Dadurch findest du dich in der Zeit und im Raum zurecht.

Das Gehirn empfängt die Befehle, die der Geist ihm sendet. Aber seine Fähigkeiten beschränken sich nicht nur auf den Empfang und die Verarbeitung von Informationen. Er kann ebenfalls Botschaften zu den unterschiedlichen Körperbereichen senden, um die vom Geist empfangenen Befehle auszuführen.

Aber das ist etwas schwierig zu verstehen. Ich werde all das mit Hilfe eines kleinen Beispiels erklären. Ich weiß, dass du es so lieber hast, oder?

Also stell dir vor, du stehst in der Mitte einer wunderschönen Wiese, deren Gras gerade gemäht wird. Dein Gehirn empfängt mehrere Botschaften aus verschiedenen Bereichen deines Körpers. Deine Augen sehen die Farbe und die Länge des Grases, die Größe des Geländes und seine Beschaffenheit: flach, sanfte Hügel, ansteigend oder fallend, etc. Deine Nase übermittelt den Geruch des frisch gemähten Grases. Deine Füße nehmen die Weichheit des Grases wahr. Deine Ohren melden, dass alles ruhig ist und du allein mitten in dieser grünen Fläche bist. Wenn dein Gehirn diese ganze Untersuchung beendet hat, greift dein Geist ein, um deinem Körper Befehle zu geben. Er kann vielleicht wollen, dass du dich im Gras ausstreckst, um den Himmel zu bewundern, dass du beginnst, so schnell und so weit wie möglich zu rennen, oder auch, dass du stehen bleibst, unbeweglich, um den Augenblick zu genießen, der sich dir gerade bietet.

Stell dir vor, du entscheidest, auf dieser schönen, weiten Fläche mit weichem Gras zu rennen. Dein Gehirn führt aus, was dein Geist möchte, indem es den Körperbereichen, die von dieser Aufgabe betroffen sind, Anweisungen gibt. Es bewirkt, dass sich die Muskeln deiner Beine anspannen, damit du einen guten Sprint ausführst. Es befiehlt deinem Herzen, schneller zu schlagen, um deinen Muskeln mehr Blut zu schicken, und lässt dich schneller und tiefer atmen, um ihnen mehr Sauerstoff zur Verbesserung ihrer Arbeit bereitzustellen. Du hast nun durch dieses Beispiel verstanden, dass es nicht dein Gehirn ist, das entschieden hat, schneller zu laufen. Das bist du, nur du, d. h. dein Geist.

Du siehst, es ist nicht so schwierig. Du entscheidest und dein Gehirn führt die Befehle aus, nachdem es genügend Informationen von dir erhalten hat. Du funktionierst immer auf diese Weise, ohne dass es dir bewusst ist. Das ist übertragbar auf alle Entscheidungen, die du in deinem Leben treffen wirst, die bedeutenden wie die unbedeutenden. Manche bezeichnen das als den freien Willen.

# Der Geist macht Erfahrungen

Ich habe dir genau erklärt, dass der Geist durch alle Lebenserfahrungen bereichert wird.

Du kannst also leicht daraus schließen, dass ein sehr alter Geist am meisten entwickelt ist. Das stimmt.

Du kannst trotzdem auf alte Menschen treffen, die genau die Eigenschaften zu haben scheinen wie sehr kleine Kinder; sie sagen Unsinniges, erinnern sich an nichts und müssen manchmal Windeln tragen, weil sie ihr Pipi nicht halten können. Das bedeutet nicht, dass ihr Geist weniger entwickelt ist als deiner oder meiner. Nein, überhaupt nicht! Es bedeutet, dass das Gehirn von Menschen mit einer Behinderung krank ist und dass sie nicht mehr erkennen, was sie wahrnehmen, und ihr Leben nicht mehr im Griff haben. Der Geist dieser Menschen ist wie ein Autofahrer, der versucht, sein Auto zu fahren, ohne dass es ihm gelingt. Er betätigt den Anlasser, aber der Motor bockt und zeigt nicht das erwartete Ergebnis.

Falls du eines Tages Menschen mit einem solchen Problem begegnest, solltest du ganz normal mit ihnen sprechen, als könnten sie alles verstehen. Ihr Gehirn ist nicht fähig, zu hören, was du ihnen sagst, oder zu reagieren, aber ihr Geist kann es, ja, da kannst du dir sicher sein.

So ist es auch bei Kranken, die im Koma liegen; ihr Geist hat den Körper verlassen, ist ihm aber noch so nah, dass er imstande ist, alle deine Sätze und auch die Gedanken wahrzunehmen, die an ihn gerichtet sind. Oh ja, ein Geist kann außerhalb seines Körpers alle unsere Gedanken hören! Das ist noch erstaunlicher, oder?

Ich werde dir jetzt eine Geschichte erzählen, die das sehr gut erläutert.

An jenem Tag besuchte ich einen meiner Patienten, dessen Herz während einiger Minuten stillstand. Dieser ältere Mann hat bereits den Tod kennengelernt. Er schilderte mir, dass er in dem Moment, in dem ich ihn reanimierte, alles, was ich tat, sehr gut sah. Dieser Mann war in der Lage, meine Bewegungen in allen Einzelheiten zu beschreiben, ohne den geringsten Irrtum, und er konnte mir sogar sagen, was ich in genau diesem Augenblick dachte; er wiederholte Wort für Wort den Satz, der mir durch den Kopf ging, während ich mich um ihn kümmerte: „Ich werde ihn verlieren, ich werde ihn verlieren!“ Ist dir klar, was der Geist im Moment des Todes machen kann? Fantastisch, nicht wahr?

# Das Gehirn lernt in der Kindheit am besten

Es ist gesichert, dass das Gedächtnis eines jungen Gehirnes am leistungsfähigsten ist. Es fällt beispielsweise einem Kind von sieben Jahren leichter, eine Fremdsprache zu erlernen, als einem Erwachsenen im Alter von vierzig Jahren.

Das Wissen, das man in den ersten Lebensjahren erwirbt, bleibt ein Leben lang bestehen, sodass es praktisch unmöglich ist, die Muttersprache zu vergessen, selbst wenn das Gehirn sehr krank ist.

Was man einem Kind lehrt, ist also sehr wichtig; es behält es für immer als Fundament seiner eigenen Wahrheit.

Vielleicht weißt du es nicht, aber wenn man eine Mauer bauen will, muss man ein Loch in die Erde graben und mit Beton füllen. Diese dickflüssige Masse wird beim Trocknen sehr hart und dient als Träger der Mauersteine, die darüber aufgeschichtet werden. Wenn der Beton zerstört wird, ist es eine Katastrophe, denn die ganze Mauer stürzt ein. Diesen Beton nennt man „Fundament".

Alles, was du während deiner Kindheit lernst, ist der Beton deiner eigenen Wahrheit. Die Fundamente sind schwierig umzuändern, wenn der Beton trocken geworden ist. Eine Zerstörung ist umso schwieriger zu akzeptieren, weil sie den Zusammenbruch all der Steine nach sich zieht, die darüber aufgereiht waren. Je älter man ist, desto mehr Steine sind da, denn sie stapeln sich im Verlauf der Zeit nacheinander auf.

Als du ganz klein warst, hast du die Farben kennengelernt. Wie du weißt, hat jede Farbe einen Namen. Jedes Wort, das eine Farbe benennt, ist von nun an mit dem verbunden, was du siehst. Nehmen wir zum Beispiel die Farbe Rot. Du wirst sagen, dass das Blut, die Kirschen oder die Tomaten rot sind. Du hast diese Informationen in deinem Gehirn, denn die Erwachsenen haben dir, als du klein warst, Gegenstände in dieser Farbe gezeigt und dir erklärt, dass sie rot sind. Wenn dir heute jemand sagt, dass das Blut, die Kirschen oder die Tomaten blau sind, wirst du es nicht glauben und sagen, dass das falsch ist. Alle Personen in deiner Nähe werden dir Recht geben, denn sie haben in ihrer Kindheit dieselbe Information erhalten.

Die Bezeichnung „rot" ist dennoch eine Vereinbarung. Das bedeutet, dass man genauso gut das Wort „blau" hätte wählen können für alles, was rot ist, und umgekehrt das Wort „rot" für alles, was „blau" ist. Dies gilt für alle vereinbarten Dinge. Sie werden von Generation zu Generation ohne Probleme und ohne Einspruch weitergegeben. Dein Großvater hat es deinem Vater beigebracht, der es dir weitergab, und du wirst es ebenso an deine Kinder weitergeben.

Stell dir das Wort „kalt" für „warm" vor und umgekehrt. Du berührst Schnee und sagst: „Oh je, zu warm!" oder du hältst deine Hand über eine Kerzenflamme und schreist: „Au, das ist kalt." Das scheint dir unmöglich, oder? Aber du würdest das trotzdem sagen, wenn für dich das Wort „warm" die Bedeutung für kalt hätte und „kalt" für warm.

Seit einigen Jahrzehnten ist es gelungen, tote Menschen zu reanimieren, indem man ihr Herz wieder zum Schlagen brachte.

Früher und auch bis heute kehrten Menschen vom Tod nicht zurück, sodass die Kinder immer gelernt haben: „Noch nie ist jemand vom Tod wieder zurückgekehrt" und auch „Einmal tot, ist man tot, das ist alles!" Eine Diskussion darüber war nicht möglich.

Diese falschen Glaubenssätze sind in ihren Überzeugungen der Beton, der genug Zeit hatte zu trocknen, um unzerstörbar zu werden! Das ist wie mit den Farben: Es ist sehr schwer einzugestehen, sogar unmöglich für die meisten Menschen, dass eine Vereinbarung falsch ist, so dass sicherlich eine lange Zeit vergehen muss, bevor die Welt akzeptieren kann, was inzwischen eine wissenschaftliche Offenkundigkeit ist: Es ist möglich, vom Tod wiederzukehren. Etliche Millionen Menschen sind zurückgekehrt und können uns erzählen, was sie erlebt haben.

Ich weiß nicht, welcher Religion du angehörst, falls du einer angehörst, aber du weißt bestimmt, dass alle Religionen der Welt die Meinung vertreten, dass es ein Leben nach dem Tod gibt und dass wir vor allem ein Geist sind, der während des irdischen Lebens einen Körper „bewohnt“. Aber die Religionen sind momentan ungenügend unterrichtet, sie können den Kindern kein solides Fundament liefern, weil diese Wahrheit nicht Teil ihres Betons ist.

Mein sehnlichster Wunsch ist es, dass das, was in diesem Buch steht, eines Tages zu deiner Überzeugung gehört, damit du es künftig auf deine Weise deinen Kindern übermitteln kannst, ohne unbedingt einer Religion anzugehören.

# Der Lehrer, der nicht ans Jenseits glaubte

Eben Alexander ist ein Professor, der an der Harvard-Universität Hirnchirurgie lehrte.

Um dort beschäftigt zu werden, musste er ein sehr langes und sehr schwieriges Studium bewältigen, in dem man ihm beibrachte, dass das Gehirn diese kleine gelatineartige Kugel ist, von der ich dir schon erzählt habe.

Zunächst war er überzeugt, dass die Neuronen im Schädel alle unsere Gedanken herstellten und dass diese im Moment des Todes sofort, ohne eine Spur zu hinterlassen, verschwinden würden. Weil man ihm dies während mehrerer Jahre täglich geradezu eingetrichtert hatte, war der Beton seiner Überzeugungen schon sehr hart und fast unzerstörbar geworden. Für ihn waren alle Beschreibungen der Menschen, die erzählten, das Jenseits während ihres Komas oder ihres Herzstillstandes kennengelernt zu haben, Lügen oder Halluzinationen. Nichts und niemand hätte ihn von seiner Meinung abbringen können. Zumindest glaubte er es.

Nun, eines Tages haben durch eine Darminfektion schlimme Bakterien sein Gehirn angegriffen und er hat eine sehr seltsame Erfahrung gemacht.

Die Neuronen von Eben Alexander konnten nicht mehr normal funktionieren, denn diese besondere Bakterie hat sich in seinem Kopf vermehrt und ihn in ein schweres Koma versetzt, das ihn fast getötet hätte.

Während einer langen und wunderschönen Reise im Koma hat ihn ein junges Mädchen mit charmantem Lächeln begleitet.

Nach seiner Heilung hat ihn ein merkwürdiges Gefühl nicht mehr losgelassen; sein Erlebnis im Jenseits ähnelte weder einem Traum noch einer Halluzination. Der Beton seines Wissens wurde rissig; er hatte eine Art Intuition und fragte sich: Und wenn das alles wahr wäre? Wenn seine Reise Wirklichkeit wäre?

Er hatte die Bestätigung seiner Ahnung vier Monate später, als er ein Porträt seiner verstorbenen Schwester sah, von deren Existenz er nichts wusste. Er konnte seine Gefühle nur schwer unterdrücken. Ja, das gerahmte Bild vor seinen mit Tränen gefüllten Augen war genau das des jungen Mädchens mit dem charmanten Lächeln; seine liebenswerte Begleitung aus dem Jenseits; dieser seit langem verstorbene Mensch, der ihn während seines Komas willkommen hieß.

Diese überraschende Entdeckung brachte ihn dazu, ein Buch zu schreiben, das ein Weltbestseller wurde. In seinem Buch *Blick in die Ewigkeit* spricht er über seinen Meinungswechsel. Für Eben Alexander ist die Begegnung mit seiner verstorbenen Schwester ein ernst zu nehmender Beweis für die Existenz des Jenseits. Er wusste nichts von ihr, weil sie bereits verstorben war, bevor er ihr begegnen konnte!

Der Autor dieses Buches ist somit ein Mann, der sich einige Monate zuvor über Menschen lustig machte, die ihm von solchen Erfahrungen erzählten.

Wenn du jemanden triffst, der absolut überzeugt ist, dass das Leben im Augenblick des Todes aufhört und es danach nichts mehr gibt, wirst du ihm die Geschichte dieses Professors erzählen können. Du wirst ihm erklären, dass man seine Meinung komplett verändern kann, wenn man solche Erfahrungen macht.

# Die Wissenschaftler haben nicht immer Recht

Vor wenigen Jahrhunderten wurden Wissenschaftler kaum beachtet.

Lange Zeit betrachtete man alles, was die Kirche sagte, als „Evangelium“. Dies bedeutete, dass man weder anzweifeln noch diskutieren durfte, was ihre Vertreter behaupteten. Die einen oder anderen, die es riskiert haben, wurden unter Beschimpfungen aller an diesem grausamen Schauspiel teilnehmenden Personen öffentlich auf dem Scheiterhaufen verbrannt.

Man muss dazu sagen, dass die Wissenschaftler auch viel Blödsinn erzählten, sodass ihnen kaum jemand glaubte.

Sie behaupteten neben anderen falschen Aussagen, dass die Erde platt oder wie ein Zylinder ist, dass Blut aus dem Körper entfernt werden muss, um sich zu kräftigen, sie operierten, ohne sich die Hände zu waschen, glaubten, dass man Kranke heilen kann, indem man ihnen Mixturen einflößte, die sie töteten, dass Inseln auf den Meeren schwimmende Landbruchstücke sind, dass der Mond aus Knochen und Horn besteht, dass die Erde im Zentrum des Universums ist und sich alle Planeten um sie drehen, dass Elektrizität zusammengepresstes Licht ist, dass sich Kohle auf dem Mond in Silber verwandelt, dass auf ein ausgerissenes graues Haar zehn andere wachsen, dass man taub wird, wenn man sich selbst befriedigt, dass die Gedanken in der Hirnflüssigkeit schwimmen – ich hätte davon noch mehr zu bieten.

Die Medizin und die Wissenschaft generell erreichten eher schlechte als gute Resultate. Die Kirchenvertreter zogen einen Vorteil aus diesen wiederholten Fehlschlägen. Die Menschen schenkten ihnen ihr ganzes Vertrauen; in ihren Augen besaßen sie allein die Wahrheit, sie konnten sich somit alles erlauben.

Dann, nach und nach hat sich dieser Trend umgekehrt. Auf Grund der wachsenden technologischen Möglichkeiten im Zusammenhang mit Erkenntnissen der Wissenschaft und den vielfältigen Leistungen, die sie erbringen, gewannen Wissenschaftler allmählich die Oberhand, während sich die Kirchenführer in kriegerische Konflikte verstrickten.

Heutzutage haben die Wissenschaftler Macht und möchten sie gern behalten. Die Mehrheit der Menschen von heute denken, dass sie allein die Wahrheit besitzen!

Nun haben wir folgende Situation: Damit eine Wahrheit erkannt wird, sollte sie wissenschaftlich nachgewiesen werden. Ja, aber wie?, wirst du mich berechtigterweise fragen.

Es ist eigentlich ganz einfach: Wenn eine Erscheinung zu einer Wahrheit werden soll, sollte sie messbar und wiederholbar sein; das ist alles. Zum Beispiel ist der Regen real, weil man ihn sieht, man kann seine Menge, die auf eine Oberfläche trifft, messen und man kann ihn wiederherstellen, indem man im Labor die Tropfen einer künstlich erzeugten Wolke verdichtet. Also kann man sagen, dass der Regen eine meteorologische und wissenschaftlich nachgewiesene Erscheinung ist, daher auch real.

In den letzten Jahrzehnten hat sich die Wissenschaft rasend schnell fortentwickelt; das kann man nicht leugnen. Aber hat sie das Recht, alles, was sie nicht erklären, messen oder wiederherstellen kann, zurückzuweisen und zu sagen, dass diese Dinge nicht existieren? Das denke ich nicht, denn wenn sie das tut, verliert sie von neuem ihre Glaubwürdigkeit.

Sie wird zum Beispiel niemals in der Lage sein, im Labor die Schaffung des Universums, menschliche Gefühle wie Freundschaft, künstlerische Begeisterung oder Liebe messen oder wiederherstellen zu können. Sollten wir demzufolge sagen, dass es nicht existiert? Natürlich nicht, das wäre absurd und nicht sehr intelligent!

Du siehst, auch heute noch kann sich die Wissenschaft in bestimmten Dingen irren, auch wenn sie vorgibt, allein die ganze Wahrheit zu besitzen.

# Und wo ist Gott in alledem?

Du hast sicher schon Leute sagen hören: „Ich verstehe nicht, warum es so viel Unglück, so viele abscheuliche Verbrechen und Kriege auf unserer Erde gibt. Wenn Gott wirklich existierte und wenn er wirklich Güte und Liebe wäre, würde er all dies nicht zulassen und diese Gräueltaten würde es nicht geben!“

Diese Überlegung erscheint logisch, aber sie ist trotzdem falsch. Ich werde dir erklären, warum.

Im Gegensatz zu dem, was die meisten Menschen denken, kann man wie ich Wissenschaftler sein und an Gott glauben. Wenn ich über etwas spreche, was die meisten Menschen hier auf der Erde Gott nennen, möchte ich nicht den erwähnen, der in einer bestimmten Religion beschrieben wird; ich möchte vielmehr vom Schöpfer sprechen; vom großen Architekten, der die Welt, in der wir leben, erbaut hat.

Vielleicht ist unser Universum das Ergebnis eines einfachen Zufalls. Großartige Wissenschaftler wie Newton oder Einstein haben dieselbe Überlegung gehabt.

Als Einstein sagte, dass Gott nicht mit Würfeln spielt, wollte er ausdrücken, dass unser aus Materie zusammengesetztes Universum von ganz präzisen Regeln bestimmt und organisiert wird und dass diese Schöpfung nicht das Resultat simpler Übereinstimmungen ist.

Tatsächlich hat eine großartige Explosion von Energie vor etwa 13,7 Milliarden Jahren Milliarden von Galaxien geschaffen. Jede dieser Galaxien enthält Milliarden Planeten, einer davon ist unsere Erde, die in der Skala unseres Universums einem Staubkorn in der Wüste gleich kommt. Einer Wüste, die so groß wäre, dass man noch nicht einmal ihre Grenzen kennen würde; eine unendliche Wüste! Du siehst, wir sind nichts Besonderes. Kein Grund, die Schlauen zu spielen!

Man sagt heute, wenn diese Explosion von Energie, genannt Big-Bang, eine Milliardste Sekunde früher oder später stattgefunden hätte, würden das Universum und demnach auch die Menschheit nicht existieren.

Du wirst mir wohl zustimmen, dass es unter diesen Umständen unmöglich ist zu behaupten, dass unsere Existenz von einem simplen Zufall abhing.

Nein, Gott spielt nicht mit Würfeln. Alles wurde so eingerichtet, dass zum Beispiel du jetzt dieses Buch liest, das mein Geist entschieden hat zu schreiben. Fabelhaft, nicht wahr?

Die Menschen, die einen Herzstillstand erlitten haben, erzählen, dass sie im Licht Gottes eine unvergleichliche Liebe erfahren haben, die sie auf der Erde niemals erlebt haben. Eine bedingungslose Liebe, das heißt eine Liebe, die nichts erwartet.

Jedes Mal, wenn wir hier auf der Erde eine Handlung von bedingungsloser Liebe vollziehen, ist unser Geist mit Gott verbunden. Das kann ein Kind sein, das einer alten Dame beim Überqueren der Straße hilft, ehrenamtliche Hilfe für Bedürftige, sich selbst geben, ohne Gegenleistung zu erwarten, oder auch jemand, der ohne an die Gefahr für sich selbst zu denken, ins eiskalte Wasser springt, um einen Ertrinkenden zu retten, solidarische Bekundungen nach einer Naturkatastrophe, ein Schweigemarsch für die Opfer eines terroristischen Angriffs. Kurz, eine Tat aus einem unerklärlichen Impuls heraus, um anderen ohne Berechnung zu helfen oder ihnen Liebe zu schenken; ein vollkommen intuitives Verhalten.

Menschen, die im göttlichen Licht waren, haben verstanden, dass alles genau richtig ist; sogar die schlimmen Prüfungen im Leben. Sie sind da, weil wir uns dabei weiterentwickeln.

Es ist schwierig für uns zu akzeptieren, was wir nicht akzeptieren wollen, die Unmenschlichkeit, die Grausamkeit. Dennoch ist alles richtig. Wir besitzen nicht die Schlüssel, um die Existenz der vielfältigen Leiden zu erklären.

Zweifellos werden wir eines Tages nach unserem Tod verstehen, dass Gott uns niemals verlassen hat, sogar und vor allem in den schlimmsten Momenten unseres Lebens. Dann wird niemand mehr fragen: „Und wo ist Gott in alledem?"

Wir stellen diese Frage nicht mehr, wenn wir bei Ihm sind.

# Der Geist ist unsichtbar

Für die meisten Menschen ist der Geist unsichtbar. Manche Menschen behaupten, es gebe ihn nicht, weil sie ihn nicht sehen, und sagen: „In meinem ganzen Leben habe ich den Geist nicht gesehen oder ein Bild davon, ich bin wie der ungläubige Thomas, ich glaube nur, was ich sehe!"

Sie akzeptieren die Realität des Körpers, des Gehirns, der Tiere, der Pflanzen, der Felsen, der Sonne, des Mondes und aller sichtbaren Elemente der Materie, aber weisen alles zurück, was sie nicht mit den Augen entdecken können.

Sie denken nicht an die Wirklichkeit der vielen unsichtbaren Dinge. Zum Beispiel die Tausende von Wellen, die uns umgeben und die manchmal Tausende von Kilometern zurücklegen, um unsere Telefone, Radios oder Fernseher zu erreichen. Unmöglich, sie zu sehen! Nur unsere elektronischen Geräte können sie registrieren und ihre Daten empfangen.

Betrachte dein Gehirn als Empfangsorgan der Botschaften des Geistes.

Wenn du einen Film oder einen Zeichentrickfilm anschaust, weißt du genau, dass diese Sendungen nicht von deinem Fernsehgerät hergestellt werden. Du weißt auch, wenn dein Gerät ausgeschaltet oder kaputt ist, dass das Programm immer noch existiert und der Film oder der Zeichentrickfilm deshalb nicht aufhört. Einverstanden? Was ich dir damit sagen möchte, ist ebenso gültig für das Gehirn und den Geist.

Dein Gehirn empfängt die Informationen von deinem Geist. Wie ich dir schon erklärt habe, macht es die Informationen nicht, sondern fängt sie ein. Und wenn das Gehirn krank oder tot ist, nun ja, existiert der Geist noch weiter.

Ich errate deine Frage. Du fragst, was aus dem Geist nach dem Tod des Körpers wird.

Die einzige Möglichkeit, etwas darüber zu erfahren ist, den Menschen zuzuhören, die vom Tod zurückgekehrt sind und uns erzählen, was sie erlebt haben. In der Zeit, bevor ihr Herz wieder startet, hat ihr Geist seine Hülle aus Haut und Knochen verlassen, so wie ein Autofahrer seinen Wagen verlässt. Diese Reise ist etwas Besonderes.

Über diese Erfahrung werde ich dir jetzt berichten.

# Was passiert, wenn wir sterben?

Als ich ein Kind war, ärgerte ich die Erwachsenen, indem ich sie fragte, was mit mir passieren würde, wenn ich eines Tages sterbe.

Die meisten wussten keine Antwort.

Manche lachten und versicherten mir, dass noch niemand vom Tod zurückgekehrt ist, um darüber erzählen zu können. Wir wissen heute, dass dieser Glaube total falsch ist, aber er wird trotz allem weiterhin vermittelt – einschließlich der Ärzte, die diese Offensichtlichkeit nicht akzeptieren können. Der Beton ist zu hart…

Andere sagten mir, ich sei noch viel zu jung, um an den Tod zu denken. In meinem Alter sollte ich mich mit Themen beschäftigen, die viel interessanter und spaßiger wären. Diese Begründungen sind absurd, denn genau in diesem Abschnitt des Lebens hinterfragt man besonders dieses Thema. Die „Abwechslungen" der Welt der Erwachsenen lösen danach unsere wichtigsten Ängste ab.

Wieder andere vertraten die Meinung, dass ich mich nach dem Tod vor Gott befinde, der ein Urteil über mich spricht; wenn ich während meines ganzen Lebens lieb und freundlich wäre, würde ich mit den Engeln ins Paradies gehen, wenn ich aber garstig und böse wäre, würde ich für alle Ewigkeit in der Hölle brennen mit dem Teufel als einzigem Partner. Meine älteren Geschwister sahen meine Verunsicherung und trösteten mich und versicherten mir, dass ich die Gelegenheit erhalte, im Fegefeuer um Vergebung meiner Schuld zu bitten, um dann ins Paradies zu kommen. Wenn ich fragte, wann genau ein Urteil über mich gefällt würde, sagte man mir, ich sollte geduldig sein und müsste warten, bis alle Menschen gestorben wären und das Urteil des Jüngsten Gerichts gefällt würde. Und ich erwiderte „Wie? Aber das ist doch viel zu lang! Was macht man, wenn man warten muss, bis alle gestorben sind?"

Das war alles nicht sehr beruhigend!

Es war tatsächlich so, dass kein Mensch fähig war, meine Fragen klar und glaubwürdig zu beantworten. Zu dieser Zeit hätte ich gerne das Buch gelesen, das du gerade in der Hand hältst.

Jetzt werde ich dich nicht länger warten lassen. Ich beschreibe dir genau, was im Moment des Todes passiert.

Der Geist des sterbenden Menschen verlässt die Hauthülle, in der er sein ganzes Leben gewohnt hat. Er sieht seinen Körper und die Menschen an seiner Seite. Er schwebt eine Weile über diesem Ort, kann aber entscheiden, woanders hinzugehen, um die Menschen zu sehen, die er liebt. Sogar, wenn sie weit entfernt sind. Der Geist wandert schneller als das Licht.

In unserer Welt ist die Lichtgeschwindigkeit die schnellste Fortbewegung, denn in einer Sekunde kann sie siebeneinhalbmal die Erde umrunden. Kannst du dir das vorstellen? Schwierig, oder? Nehmen wir mal an, du wechselst den Ort mit einer Geschwindigkeit, die schneller als das Licht ist, wäre dein Körper in unserer Welt nicht mehr sichtbar und du würdest wie die Verstorbenen zu einem Geist ohne Materie werden.

Der Geist kann ohne Probleme jedes Hindernis überwinden.

Er kann die Gedanken anderer lesen und ist fähig, alles zu wissen.

Befreit von seinem Körper verspürt er ein außergewöhnliches Wohlbefinden.

Dann folgt ein dunkler Tunnel, an dessen Ende ein einzigartiges, Geborgenheit vermittelndes Licht erscheint.

Geistwesen kommen und begrüßen den Ankommenden. Dies sind Freunde oder Familienmitglieder, die manchmal schon sehr lange verstorben sind. Tiere sind ebenfalls bei der Begrüßung dabei. Der Geist trifft dort alle wieder, die er während seines Lebens auf der Erde geliebt hat. All das geschieht an einem wunderschönen Ort, den ich dir später noch beschreiben werde.

Er sieht sein gesamtes Leben in allen Einzelheiten in beschleunigter Geschwindigkeit wie einen Film vor sich ablaufen. Er sieht seine guten und schlechten Taten. Er spürt, was er anderen Gutes oder Schlechtes angetan hat, so, als wäre er es selbst, der durch seine Taten einen Nutzen hatte oder Opfer war.

Zum Beispiel hat jemand, der nach einem Verkehrsunfall für tot erklärt wurde, erzählt, dass er während seiner Nahtoderfahrung den Kummer gespürt hat, den er einem Freund zufügte, als er einmal dessen Schultasche mit Steinen vollgestopft hatte, um sie schwerer zu machen. Er hatte den Vorfall völlig vergessen und musste diesen schlechten Scherz seiner Kindheit nun neu erleben. Aber dieses Mal war es ganz anders, denn er war nun selbst das Opfer.

In vielen Fällen, die ich untersucht habe, erscheint ein Wesen aus Licht vor dem Geist.

Du möchtest wissen, wer dieses Lichtwesen ist? Gott? Ohne Zweifel. Es wird deine Aufgabe sein, es herauszufinden, wenn der Moment kommt. Es wird dir eine Frage gestellt. Du wirst nicht gefragt, ob du gut in der Schule warst, ob du viele Prüfungen bestanden hast, ob du viel Geld verdient hast oder ob du Vorgesetzter vieler Menschen warst. Nein, nichts dergleichen. Man wird dich fragen, wie du deine Mitmenschen geliebt hast und was du für sie getan hast.

Die Liebe ist das Wichtigste, wenn man auf dieser anderen Seite ist. Es ist weder materieller Reichtum noch gesellschaftliche Anerkennung.

Anschließend erscheint eine Grenze zwischen der Welt, aus der es keine Rückkehr mehr gibt, und derjenigen, von der es noch möglich ist, zurückzugehen, um wieder in seinen Körper zu schlüpfen. Diese

Grenze ist vielleicht eine Mauer, ein Gitter, eine Hecke, ein Gebüsch oder eine weiße Linie. Unwichtig. Alle, die mir von ihrer Reise berichteten, konnten sie nicht durchqueren.

Die Rückkehr ins irdische Leben ist schwer. Die Menschen fühlten sich dermaßen wohl auf dieser anderen Seite, dass sie keine Lust mehr hatten, diesen mit Liebe angefüllten Ort zu verlassen.

Oft müssen die Geistwesen, die den Menschen begleiten, der aus dem Jenseits zurückkehren muss, darauf bestehen, dass er wieder in seinen Körper hineingeht.

Manche vergleichen die Rückkehr in den Körper mit dem Versuch, einen zu engen Handschuh über die Hand zu streifen, oder als müssten sie zu klein gewordene Kleidung tragen, oder auch, als wären sie in einen Pool mit eiskaltem Wasser gestoßen worden. Kurz, man erkennt mit diesen Aussagen, dass die Rückkehr nicht so angenehm ist wie das Ankommen.

Du fragst dich, was mit dem Geist geschieht, wenn er einmal diese verbotene Grenze überwunden hat? Ich werde es dir später sagen, indem ich dir erkläre, wie ich diese Informationen erhalten habe.

Sei nicht so ungeduldig.

# Der Geist der Toten und der Lebenden

Eine junge Frau erzählte mir, dass ihr Herz während einer Operation stillstand.

Ihr Geist machte eine Reise während eines mindestens einige Minuten dauernden vorübergehenden Todes. Hier ein Auszug aus ihrem Brief:

*„Nachdem ich meinen Körper verlassen habe, befand ich mich an der Decke des Operationssaales. Der Chirurg war panisch, weil ich sehr viel Blut verlor und er den Blutfluss nicht stoppen konnte, der sich wie eine Fontaine in meinen Bauch ergoss. Er sagte zu den anderen Chirurgen, die ihm halfen: „Sie geht!" Ich wusste sehr gut, dass er von mir sprach. Das hat mich amüsiert. Ich wollte ihnen sagen, dass ich schon gegangen war, mich über ihnen befand und sehr gut erkennen konnte, was geschah. Es ging mir gut. Ich war wie auf einer Wolke. Ich hatte überhaupt keine Schmerzen mehr, obwohl ich sehr schlimme Bauchschmerzen hatte, als der Narkosearzt mich einschlafen ließ. Noch nie hatte ich ein solches Gefühl von Freiheit und Wohlbefinden erlebt. Das war, als hätte ich mich endlich von meinem Körper befreit. Ich hatte überhaupt keine Lust mehr, in ihn zurückzukehren. Dann habe ich jemanden weinen hören und ich wusste augenblicklich, dass es meine Mutter war. Ich wusste nicht, wo sie war, aber ich befand mich bei ihr. Sie war in einem Wartezimmer mit meinem Vater, der sie umarmte, zu trösten versuchte. Sie saßen vorgebeugt, Seite an Seite. Ich sah ihre Gesichter, konnte aber auch ihre Gedanken lesen. Sie empfanden eine unendliche Traurigkeit, denn sie glaubten beide, dass*

*ich sterben müsste. Ich habe mich dann entschieden, in meinen Körper zurückzukehren. Ich habe mehrere Mauern durchquert, als wären sie nicht vorhanden, und befand mich von Neuem oberhalb meines Körpers. Der Chirurg schickte elektrische Stromstöße mit einem Gerät durch meine Brust und mein Körper hob sich jedes Mal mehrere Zentimeter empor. Ich wurde gezwungen, oben durch meinen Kopf in den Körper hineinzugehen, und hatte große Schmerzen. Mein Körper war zu klein für mich geworden. Ich bin später in einem Zimmer wieder wach geworden. Meine Eltern waren da. Sie weinten noch immer, aber dieses Mal waren es Freudentränen, denn ich war am Leben."*

Du musst wissen, dass der Geist von Verstorbenen, die du kanntest, jedes Mal bei dir ist, wenn du es wünschst.

Wenn deine Mama oder dein Papa oder eine Person, die du liebst, eines Tages in die andere Welt übergehen, sollst du wissen, dass du sie niemals verloren hast und dass es ausreicht, intensiv an sie zu denken, um ihren Geist an deiner Seite zu haben.

Auf das Beispiel, das ich dir gerade gegeben habe, trifft dies zu. Der Geist der Frau, die vorübergehend tot war, war sofort bei ihren Eltern, als diese intensiv an sie dachten.

Ich habe noch viel mehr solcher Berichte, die das beweisen, aber ich werde sie dir nicht alle erzählen, denn das wäre zu langweilig und würde sich immer wiederholen. Ich würde dir auf den Wecker gehen und du hättest Recht.

Du fragst dich, wie man den Geist verstorbener geliebter Menschen rufen kann? Nichts einfacher als das. Es reicht, ihnen in Gedanken zu sagen, was du möchtest.

Du kannst zum Beispiel ihren Rat oder ihre Meinung erbitten, wenn du in Schwierigkeiten bist. Du kannst auch einfach nur wünschen, dass sie wissen, wie stark du sie liebst, und du verstehst, dass sich ihr Leben auf eine andere Weise im Jenseits fortsetzt.

Wenn du dies denkst, werden sie darüber sehr glücklich sein. Die vom Tod zurückgekehrt sind, sagen aus, dass sie im Jenseits in einem unendlichen Glücksgefühl waren. Nur eine einzige Sache stimmte sie traurig: die Trauer ihrer geliebten Menschen zu sehen.

Damit will ich nicht sagen, dass man den Tod unserer Lieben nicht beweinen soll. Nein, überhaupt nicht. Das ist ganz normal und verständlich. Das ist sogar die beste Möglichkeit, seinen Herzschmerz zu erleichtern. Die Tränen werden allen Schmerz wegwaschen. Aber du solltest wissen, dass wir nur über uns und unsere Mängel weinen. Das Leben geht auf der anderen Seite weiter und die Verstorbenen möchten ihre noch lebenden Angehörigen nicht unglücklich wissen.

Mein Vater verstarb am 4. Juli 2006 während seines Mittagsschlafes. Er hatte einen Herzinfarkt und wachte nicht mehr auf. Er hatte gerade seinen 80. Geburtstag gefeiert. Ich bitte ihn manchmal um Hilfe, wenn ich ein Problem habe. Ich spreche durch meine Gedanken mit ihm. Auf diese Weise stelle ich ihm Fragen. Oft höre ich seine Stimme in meinem Kopf. Mein Gehirn fängt die Antworten seines Geistes auf. Andere Male antwortet er mir nicht sofort, sondern gibt mir Zeichen. Ich werde dir später genauer darstellen, wie man einen Geist kontaktiert und welche Zeichen er uns offenbaren kann. Du wirst sehen, manchmal ist es sehr berührend und auch lustig, denn wie ich dir bereits sagte, im Jenseits liebt man es zu lachen; dort gibt es viel Humor.

Dein Geist kann den Geist von Toten, aber auch von Lebenden rufen.

Viele Mütter schrieben mir, dass sie von ihren Söhnen oder Töchtern alarmiert wurden, wenn sie irgendwo in Schwierigkeiten waren;

ob durch eine Krankheit oder einen Unfall. Der Geist von Babys in Not schickt Signale an das Gehirn ihrer Mütter, damit sie so schnell wie möglich eingreifen können, um sie aus einer schlimmen Situation zu retten. Diese Kommunikation zwischen einem lebenden Geist und einem anderen ist bekannt und ist von zahlreichen Forschern untersucht worden; man nennt es Telepathie.

Zusammenfassend sollst du wissen: Dein Geist kann an dein Gehirn Botschaften senden, aber auch an die oder den anderen, die noch auf der Erde leben. Er kann auch mit anderen Gehirnen Kontakt aufnehmen; von Menschen oder welchen Tieren auch immer. Ja, auch Tiere können Informationen auf diese Art und Weise empfangen. Du kannst über die Gedanken mit ihnen in Dialog treten; das ist wirklich möglich, Tiere haben wie wir einen Geist.

Dein Geist sendet deinem Gehirn Botschaften in Form von mehr oder weniger gut formulierten Sätzen. Zum Beispiel wird dein Geist, wenn es Mittag ist und du morgens nicht genügend Zeit hattest zu frühstücken, um nicht zu spät zur Schule zu kommen, mehrere Sätze bereithalten. Sie werden denen ähneln wie: „Hey, mein Magen knurrt. Ich habe Magenkrämpfe. Ich muss essen, damit er wieder gefüllt wird. Ich hatte heute Morgen nicht genug Zeit zu frühstücken, weil ich nicht zu spät zur Schule kommen wollte, deshalb habe ich solchen Hunger."

Tiere denken nicht in Sätzen, denn sie können nicht sprechen. Wenn dein Hund Hunger hat, wird sein Geist seinem Gehirn Bilder eines Knochens oder eines mit Futter gefüllten Fressnapfes senden, um ihn wissen zu lassen, dass er fressen muss. Botschaften unseres Geistes können also Sätze oder Bilder sein.

Wir werden in den folgenden Kapiteln sehen, dass es Menschen mit einer besonderen Begabung gibt, um Sätze oder Bilder von Geistwesen aus der anderen Welt zu empfangen.

# Was ist ein Leichnam?

Ein Leichnam ist ein toter Körper; eine unbewohnte Hauthülle, der Geist hat sie verlassen. Du hast vielleicht schon einmal einen Leichnam gesehen, den eines Tieres oder eines Menschen. Es ist ein leeres Ding.

Der erste Leichnam, dem ich begegnete, war der einer von einem Auto überfahrenen Katze. Nachdem ich mir dieses Fellding aus der Nähe anschauen konnte, hart und steif, dachte ich, dass es ganz und gar nicht mehr einem Kater oder überhaupt einem Tier ähnelte. Das Leben hatte den Tierkörper verlassen, der nun nicht mehr als ein gebrauchtes Kleidungsstück war. Der Geist der Mieze war abgehauen; er war nicht mehr da, das war sicher.

Nachdem ich einige Zeit später den Leichnam meines Onkels Gaston sah, hatte ich genau denselben Eindruck von Leere. Dieses in einem Sarg ausgestreckte eiskalte Etwas war nicht mehr mein Onkel. Sein Geist hatte ihn verlassen. Ich habe ihn auf seine Wange geküsst; die Haut erinnerte an Karton. Nein, ganz sicher, diese Wachsstatue konnte nicht mehr Onkelchen Gaston sein. Man konnte ihn entweder verbrennen oder beerdigen, das hatte keine Bedeutung.

Suzanne R. wurde 1972 nach einem Herzstillstand während eines banalen chirurgischen Eingriffs reanimiert. Sie erzählt, dass sie bei der Erfahrung eines vorübergehenden Todes in eine Art fantastisches Land geführt wurde, in dem nur Liebe und Lebensfreude herrschte. Ihr verstorbener Vater war ihr Führer und empfahl ihr, zur Erde zurückzukehren, um ihre Lebensaufgaben fortzusetzen: ihre zwei Töchter aufzuziehen und sie zu lehren, wie man andere lieben kann. Hier ist ihre Beschreibung ihrer erzwungenen Rückkehr:

*„Wenn Papa nicht so sehr darauf bestanden hätte, dass ich zurückkehre, wäre ich ziemlich sicher, dass ich es nicht getan hätte, ich wäre dort geblieben, in diesem unvergesslichen Paradies. Er hat mich an meine zwei kleinen Mädchen denken lassen, daher habe ich mich dadurch dazu bringen lassen, zurückzukehren. Ich habe den Kummer gespürt, der mein Weggehen in ihnen ausgelöst hätte, und das brach mir das Herz. Ich entschied, zurückzukehren und das Paradies hinter mir zu lassen. Ich habe mich sogleich wieder im Operationssaal befunden, in dem ich meinen Körper zurückgelassen habe. Ich sah mich oberhalb des Saales. Mein Körper war ganz weiß und sehr hässlich. Ich war viel freier und leichter ohne ihn. Der Chirurg fragte den Anästhesisten, was er machen sollte, aber der Anästhesist war zu sehr damit beschäftigt, mich zu reanimieren. Ich dachte noch einmal an meine zwei Töchter und befahl mir, in meinen Körper eintauchen, um ihn wieder zu bewohnen. Ich dachte so intensiv daran, dass es klappte. Ich befand mich wieder in meinem Körper. Es war nicht leicht für mich, aber ich bin angekommen. Der Anästhesist schrie sofort: „Sie kommt wieder, sie ist da.“*

Susanne ist nicht die einzige, die während eines Herzstillstandes die Wahrnehmung hatte, die Freiheit und Leichtigkeit des Geistes zu erfahren, der sich seines Körpers entledigt hat.

Auch Roger D. kennt dieses sonderbare Gefühl, als er versuchte, einen Jungen vor dem Ertrinken zu retten. Sein Bericht zeigt sehr gut, dass ein Körper ohne Leben für den Geist nicht mehr als eine Wohnung ist, denn Roger selbst benutzt das Wort „Leichnam", um ihn zu beschreiben. Hier ein Auszug aus seinem Brief:

*„Ich hatte meine Kräfte überschätzt. Als ehemaliger professioneller Feuerwehrmann glaubte ich mich ganz bestimmt in der Lage, diesen Bengel zu retten, der Wasser verspritzend mit den Wellen rang. Während meiner Dienstzeit habe ich häufig Menschen aus solchen Situationen gerettet. Etwa zwei Meter von ihm entfernt, erlitt ich einen schrecklichen Schmerz in meiner Brust. Ich war unfähig, auch nur eine Zehe zu bewegen. Dieser Schmerz war furchtbar. Ich kannte schon Muskelkrämpfe in den Armen und in den Beinen, aber niemals in der Brust. Ich wünsche einen solchen Schmerz keinem meiner schlimmsten Feinde. Ich dachte, ich werde sterben, denn mit fast 70 Jahren hatte ich ein erfülltes Leben und das war gut so für mich, denn wenn ich sterben würde, könnte ich diesen fürchterlichen Schmerz nicht mehr spüren. Ich weiß nicht, wie lange ich im Wasser war. Als ich wach wurde, befand ich mich oberhalb des Ufers und Ersthelfer führten an einem bewusstlosen Mann in Badehose eine Herzmassage durch. Als ich mich den Helfern näherte, dachte ich, welch sonderbarer Zufall, dass hier mehrere Badeunfälle praktisch gleichzeitig am selben Badestrand passierten, und noch überraschender war, dass der Ertrunkene, den man erfolglos zu reanimieren versuchte, die gleiche Badehose wie ich trug. Dann wurde mir bewusst, dass die Person, die man reanimieren wollte, mein Leichnam war! Ich glaubte mich endgültig tot. Ich habe keinen Tunnel gesehen wie in den anderen Berichten, die Sie in Ihren Büchern beschrieben haben, aber ich weiß jetzt, was passiert, wenn man stirbt, und ich habe überhaupt keine Angst mehr vor dem Tod."*

Wenn du jemals vor einem Leichnam stehst, denk daran, was du gerade gelesen hast.

Du wirst weniger traurig sein, denn von nun an weißt du, dass der Geist von denen, die du liebst, für immer in Freiheit auf der anderen Seite des Schleiers lebt.

# Unsere Fähigkeiten sind unterschiedlich

Unsere Gehirne sind aus Neuronen gebildet, die Informationen übermitteln und speichern.

Dieses spezialisierte Organ in unserem Kopf enthält Milliarden von Botschaften, die nach ihrer Funktion, was wir sind und was wir erlebt haben, zusammengestellt sind.

Diese besonderen Verfahren, die unsere Fähigkeiten charakterisieren, bewirken, dass einige zum Beispiel viel begabter in Mathematik sind oder andere im Erlernen von Fremdsprachen. Andere entwickeln künstlerischen Fähigkeiten oder haben ein gutes Gedächtnis. Wieder andere haben eine bessere Eignung für bestimmte sportliche Aktivitäten und sind bemerkenswerte Torwarte. Im Grunde genommen hängt der Umfang unserer Fähigkeiten eng von unserem Gehirn ab. Du siehst, wie wichtig diese kleine Gelatinekugel ist!

Ich habe dir erklärt, dass der Geist Verstorbener Botschaften an unser Gehirn schicken kann und dass diese Botschaften aus Sätzen oder Bildern bestehen können.

Es gibt Menschen, deren Gehirne fähiger sind als andere, diese Art von Informationen zu erhalten; man bezeichnet sie als Medium. Vielleicht hast du irgendwann schon einmal etwas darüber gehört?

Ich weiß, die meisten Menschen möchten nicht, dass man dieses Thema anspricht, denn es gibt viele Männer und Frauen, die vorgeben, ein Medium zu sein, aber nicht die geringste Begabung dafür haben. Sie lassen sich dafür bezahlen und bekommen auch leicht das Geld von denjenigen, die Neuigkeiten von den verstorbenen Eltern oder Freunden erhalten möchten.

Bevor ich an dem Wunder eines wahren Mediums teilnehmen konnte, dachte ich wie die Mehrheit der Menschen, dass diese Verbindung mit dem Jenseits unmöglich sei und dass Menschen, die sich Medium nennen, nur Hochstapler und Scharlatane sind.

Seitdem habe ich mich stark verändert und es passiert mir sogar, dass ich einem echten Medium empfehle, mit Verstorbenen oder dem Geist eines Koma-Patienten in Verbindung zu treten. Du siehst, wie wichtig eigene Erfahrungen und Bücher sind! Sie können uns zu einem grundlegenden Meinungswechsel von Gewissheiten führen, die uns übermittelt wurden. Man nennt diese Gewissheiten auch Vorurteile. Mit unseren Überzeugungen sind sie eingeschlossen in diesem Beton, von dem ich dir erzählt habe. Das Ideale wäre, sich seine Meinung durch eigene Erfahrungen und durch die Wahl eigener Informationsquellen zu bilden.

Du bemerkst, dass wir die Tendenz haben, Dinge durch Ignoranz und Vorurteile zurückzuweisen, ohne sie zu kennen. Sehr oft sprechen Menschen schlecht über ein Medium, obwohl sie keine Erfahrung mit ihnen gemacht haben und sie auch nie haben werden. Sie wiederholen, was sie mal gehört haben, ohne sich damit genügend beschäftigt zu haben, und es auch nie tun werden. Genauso wie ich von Hochstaplern und Scharlatanen sprach, bevor ich mich mit ihren außerordentlichen Fähigkeiten auseinandergesetzt habe.

# Menschen mit medialen Fähigkeiten

Mein Beruf als Notarzt hat mir die Möglichkeit gegeben, zu wissen, was im Moment des Todes geschieht. Diejenigen, die zurückkehrten, konnten es mir erzählen.

Wir haben gesehen, dass sie bei ihrer Reise ins Jenseits alle vor einer unüberwindlichen Grenze anhielten, die eine Mauer, ein Gitter, eine Hecke, ein Gebüsch oder eine weiße Linie sein konnte. Sie wurden gebeten, zur Erde zurückzukehren, und es schien, als hätten sie nicht wirklich eine Wahl gehabt. Wenigstens alle, die mir diese wundersame Erfahrung beschreiben konnten, durften nie diese letzte Grenze überschreiten. Seit etlichen Jahren untersuche ich die Arbeit von wirklich medialen Menschen und durch ihre Vermittlung konnte ich lernen, was jenseits der Grenze geschieht, die nie von einer Person mit vorläufigem Tod überwunden wurde.

Wenn ein Mensch stirbt, du hast es gelesen, verlässt der Geist den Körper, um im Jenseits in einer anderen Existenz weiterzuleben. Du wirst mich fragen: „Ja, okay, aber was ist das Jenseits?“ Woraus besteht es und wie sieht es aus?“

Es ist echt schwierig, auf diese Fragen zu antworten. Diejenigen, die dort gewesen und zurückgekommen sind, beschreiben es als Städte aus Kristall und Licht, andere als wunderschöne Landschaften mit grünen

Wiesen und bunten Blumen. Andere beschreiben es als weite Hügellandschaft mit sanften Abhängen zu Seen wie schillernde Diamanten oder Boden wie leuchtender Samt, der in den Lüften schwebt. Kurz, die Berichte der Menschen während eines Herzstillstandes lassen erkennen, dass das Jenseits ein sehr schöner und ursprünglicher Ort ist. So schön und ursprünglich, dass ihnen die Worte fehlen, um die Herrlichkeit zu beschreiben, die ihnen dort begegnet ist. Es ist schwierig jemanden an seinen Überzeugungen und Gefühlen teilnehmen zu lassen, der so etwas noch nie erlebt hat. Wie würdest du einem Blinden, der sie noch nie gesehen hat, die Farbe Rot erklären? Das ist fast unmöglich.

Für uns Lebende ist das Jenseits nicht sichtbar. Wenn der Geist eines Verstorbenen den Körper verlässt, um ins Jenseits zu gehen, verlässt er uns trotzdem nicht; er wird unsichtbar. Das ist, als wäre er im Zimmer neben uns. Er ist nur nebenan. Das ist alles.

Du hast sicher schon diese kleinen Geräte gesehen, die Mütter in das Zimmer ihres Babys stellen, damit sie aus der Entfernung deren Geräusche oder Weinen überwachen können. Dank dieser Babyphone weiß man, wie es den Kleinen geht, wenn man in einem anderen Zimmer oder auf der Etage darüber ist. Man kann aber auch den Ausschalter betätigen, um nichts mehr zu hören und in Ruhe gelassen zu werden. So etwas tut ein Medium. Wenn es sich ausruhen möchte, benutzt es den Ausschalter! Stell dir vor, wenn diese Menschen ständig zu horchen bereit wären: Sie würden ganz sicher verrückt! Das Zimmer, welches sie überwachen, nennt sich Jenseits und dort ist jede Menge los.

Und übrigens, ich rate dir dringend ab, an Geistanrufungen durch Tischerücken oder ähnliche Mittel in spiritistischen Sitzungen teilzunehmen. Das kann sehr gefährlich sein, wenn man es nur aus Neugier macht, um sich mit Kumpels oder Leuten, die damit keine praktischen Erfahrungen haben, zu amüsieren. Denn im Jenseits gibt es alles Mögliche. Du kannst dem Bösen ebenso wie dem Guten begegnen. Es ist wie in unserer Welt. Man sollte nicht während der Nacht in bestimmten Vierteln von Großstädten allein spazieren gehen; aber das weißt du schon. So ist es dort auch; man sollte nicht allein in der jenseitigen Welt irgendwelche Wesenheiten ansprechen!

Der Geist, der sich im Tod von seinem Körper befreit, wird nicht besser, wenn er ins Jenseits übergeht. Nein, ganz und gar nicht! Er bleibt, wie er ist, und setzt seine weitere Entwicklung im Nichtsichtbaren fort. Dort gibt es nicht nur Engel und nette Leute! Wenn du versuchst, damit ohne Schutz in Kontakt zu kommen, kannst du auf Geistwesen stoßen, die dir irgendetwas sagen und sich als berühmte Persönlichkeiten oder Verstorbene ausgeben, die du gut kanntest.

Unglücklicherweise sind es nicht nur Kinder, die von diesen übelgesinnten Geistwesen reingelegt werden. Auch manche Erwachsene können ihre Opfer sein.

Zum Beispiel macht ein ganz normaler Familienvater schlimme Dinge, ohne wirklich zu begreifen, was mit ihm geschieht. Wenn man ihn fragt, was ihn dazu gebracht hat, wird er sagen, dass er Stimmen hörte, die ihm befahlen, dies zu tun. Mediale Menschen, die darüber Bescheid wissen, sind an Kontakte mit dem Jenseits gewöhnt. Sie schützen sich immer durch Gebete, in denen sie um Erlaubnis bitten, Geistwesen zu befragen. Nach ihren medialen Kontakten vergessen sie niemals, sich bei der nicht sichtbaren Welt für dieses Geschenk zu bedanken. Sie wenden sich meistens an ihren Lieblingsgeist, den sie kennen und der sie führt, um die Kontakte herzustellen; ein Geist, der führt, benutzt einen ganz bestimmten Vornamen.

Wir alle können ganz natürliche und spontane mediale Kontakte haben, indem wir bitten, eine Botschaft eines geliebten Verstorbenen zu empfangen. Diese Fähigkeit ist am stärksten ausgeprägt zwischen dem vierten und dem siebten Lebensjahr und in der Pubertät, denn im Verlauf dieser Lebensabschnitte löscht unser Gehirn am wenigsten mediale Wahrnehmungen.

Es ist in dieser Entwicklungsphase üblich und fast alltäglich, im Verlauf eines Wimpernschlags flüsternde Stimmen zu hören oder flüchtige Eindrücke zu haben, wenn ein Geist im Zimmer ist. Wenn dir das schon passiert ist, sei unbesorgt; wisse, dass es ganz normal ist und du nicht der Einzige bist. Nur eben wagt es niemand, darüber zu reden, so dass Kinder, die solche Phänomene erleben, unglücklich sind, es während ihres ganzen Lebens für sich behalten müssen.

# Die Ebene jenseits des Lebens

So häufig wie mediale Kontakte während der Kindheit sind, können Erwachsene ebenso unerwartete Begegnungen mit der nicht sichtbaren Welt haben. Dies beweist die Geschichte, die ich dir erzählen werde.

Philippe Ragueneau, ein Mann der Presse und Kommunikation, ist Autor zahlreicher Bücher, die nichts mit dem Paranormalen zu tun haben. Trotz seiner Bekanntheit als Schriftsteller muss ich gestehen, nichts von seiner Existenz gewusst zu haben, bis eine Freundin mir die Lektüre des Buches *L'Autre Côté de la vie* empfahl, 1995 beim Verlag Le Rocher erschienen.

In diesem Buch schildert Philippe Ragueneau ein seltenes Erlebnis: Nach ihrem Tod setzt Catherine, seine über alles geliebte Ehefrau, die Kommunikation mit ihm fort, so engagiert, wie sie es auch im Leben tat. In diesem Dokument erfährt man, was die Verstorbene dem Autor mitteilt. Einiges ist irritierend und verstörend, vor allem, wenn sie ihren Mann einlädt, anderen zu erzählen, was mit ihr geschehen ist: „Um Hoffnung den Verzweifelten zu geben". Eine andere Aussage von ihr: „Wir lehnen uns gegen alles auf, was sich unserem Verständnis entzieht und uns auferlegt ist. Wenn wir verstehen, sind wir dankbar und akzeptieren."

Philippe Ragueneau wehrte sich lange Zeit gegen diese unglaubliche Tatsache. Als Vernunftmensch hat er mit sich gekämpft, um in aller Demut das Auftauchen des Jenseits in seinem Leben zu akzeptieren und über seine außergewöhnliche Erfahrung zu schreiben. Durch das, was ihm Catherine ohne viel Worte aufdeckt, und ihre Zusicherung, über ihn zu wachen, schmilzt der Schmerz der Trauer mehr und mehr, um der Hoffnung auf unendliche Liebe Platz zu machen.

An einem schönen Nachmittag im Mai sitze ich in Ariège im Schatten eines Baumes und habe bereits über 100 Seiten des Bestsellers von Ragueneau verschlungen, als etwas Ungewöhnliches passierte: Entgegen großer Bemühung, mich zu konzentrieren, war es mir unmöglich, meine Lektüre fortzusetzen. Ich war blockiert. Ich las dieselbe Reihe, denselben Satz wieder und wieder, ohne es zu verstehen. Der Text hatte keine Bedeutung mehr. Die Wörter sagten mir nichts mehr. Ich bekam Panik. Warum? Was geschah mit mir? Nachdem ich im Garten einige Schritte machte, um mich zu entspannen, beschloss ich, den Text da, wo ich aufgehört hatte, weiter zu lesen. Aber nichts zu machen, ich war immer noch blockiert.

In diesem Moment tauchte ein anderes, noch überraschenderes Phänomen auf. Ich habe keine Stimmen gehört. Es war nichts Hörbares. Es war eher … wie eine Idee, die mich ergriffen hat und mir sagte: „Schicke ihm dein Buch! Schicke ihm *Coma dépassé*!“ Das war lächerlich, dieser erste Roman, den ich 2001 bei einem kleinen Verlag herausgegeben habe, hat überhaupt keinen Bezug zu der Geschichte von Ragueneau. Ich sah keine Notwendigkeit dafür. Dennoch wurde darauf bestanden: „Doch, doch, schick ihm dein Buch!“ Ich antwortete in Gedanken: „Aber es ist doch unmöglich, ich kenne seine Adresse nicht.“ Dann, ohne zu wissen warum, klappte ich mein Buch *L'Autre Côté de la vie* zu, um es sogleich an einer anderen Stelle wieder aufzuschlagen, wo eine Adresse in Paris erschien: die von Philippe Ragueneau! Der Name der Straße, in der er wohnte. In meinem Kopf wurde man ungeduldig: „Also du siehst, es gibt keine Entschuldigung mehr, schicke es ihm! Was erwartest du? Wovor hast du Angst? Du hast nichts zu verlieren!“ Vor so viel Nachdruck war es mir nicht länger möglich zu widerstehen; ich ging in mein Büro, um die Adresse auf meinem Computer zu überprüfen. Zitternd vor Aufregung habe ich ihm am gleichen Abend mein Buch geschickt und in einem beigefügten Brief erklärt, was ich gerade erlebt habe.

Eine Woche später bekam ich bewegende Post:

*Sehr geehrter Herr Charbonier,*

*Vielen Dank für Ihr Buch Coma dépassé, welches ich gerade zu lesen begonnen habe.*

*Es ist offensichtlich, dass Catherine Sie gebeten hat, mir dieses Buch zu schicken, denn zweifellos betrifft das eine oder andere Thema in Ihrer Erzählung mich selbst oder verdient meine Aufmerksamkeit. Ich werde es während der Lektüre wissen.*

*Es ist nicht das erste Mal, dass sie mir durch jemanden eine Nachricht zukommen lässt. Der erste Nachweis war für mich der Tag, an dem ich Ihren Brief erhielt (merkwürdiges Zusammentreffen…). Ich erzähle es Ihnen.*

*Ich war am Bahnhof, um ein Zugticket zu kaufen. Danach besorgte ich mir eine Zeitung und auf dem Rückweg noch Brot. Bei mir zu Hause angekommen…, bemerkte ich, dass ich meinen Schlüsselbund verloren habe. (Ich habe die Schlüssel immer in meiner Gesäßtasche mit etwas Kleingeld. Wenn ich bezahle, nehme ich auch die Schlüssel heraus.)*

*Ich entschied zurückzufahren, um festzustellen, in welchem Laden ich die Schlüssel verloren hatte, und begann mit der Bäckerei. Nein, die Verkäuferin hat sie nicht neben der Kasse gesehen. Sie sieht mich an und sagt: „Sie sind in Ihrem Briefkasten.“*

*Ich bin verblüfft und fassungslos… Woher weiß sie, dass mein Briefkastenschlüssel an meinem Schlüsselbund ist, und woher weiß sie vor allem, dass ich meine Post beim Verlassen des Hauses herausgenommen habe, was niemand tut. (Man nimmt normalerweise seine Post beim Nach-Hause-Kommen aus dem Kasten, um sich nicht unnötig zu beladen).*

*Inspiration!... Das war ein Schachzug von Catherine. Ich ging schnurstracks nach Hause, ließ mir von meinem Nachbarn die Tür öffnen… und fand meine Schlüssel auf dem Briefkasten…*

*Am Abend fragte ich Catherine. Sie antwortete: „Ich habe die Bäckereiverkäuferin benutzt, um dich zu informieren."*

*Ich habe diese nette Frau wiedergesehen und sie gefragt, warum sie mir das gesagt hätte. „Ich weiß es nicht, es ist idiotisch…Plötzlich hatte ich diesen Satz im Kopf und ihn direkt ausgesprochen…"*

*Wie Sie es so treffend sagen: Seien wir ehrfurchtsvoll vor dem Unerklärlichen.*

*Mit freundlichen Grüßen*
Philippe Ragueneau

*PS: Wir beide sind gesund im Körper und im Geist.*

Was war in meiner Erzählung, das die Aufmerksamkeit von Philippe Ragueneau wecken sollte?

Warum wollte seine Frau, dass mein Buch ihn erreichen sollte?

Alle diese Fragen bleiben ohne Antwort. Heute ist es leider ganz und gar unmöglich, ihn zu fragen, es sei denn, warum nicht, durch Vermittlung eines Mediums. Kurze Zeit nach diesem Brief fuhr ich auf der Autobahn. Verzaubert durch eine CD mit klassischer Musik entschloss ich mich, ohne Grund und eigentlich ungewöhnlich für mich, das Radio anzustellen und man verkündete… den Tod von Philippe Ragueneau.

Warum habe ich das wundervolle Violinensolo unterbrochen, um diese traurige Neuigkeit zu hören? „Das ist wieder ein Schachzug von Catherine!“, hätte ihr Mann gesagt.

Na klar… ich sollte es wissen.

# Auch du kannst es

Nicht nur die medial veranlagten Menschen sind fähig, mit der Welt der Geistwesen zu kommunizieren. Auch du kannst es.

Du kannst es aber nicht irgendwie und mit irgendwem. Ich wiederhole mich, es ist sehr wichtig; das ist weder ein Spiel noch eine Sache, um seine Neugier zu befriedigen. Wenn man das Jenseits befragt, muss man ehrfürchtig und sehr demütig sein.

Lass dir das Wort „demütig" von einem Erwachsenen erklären, wenn du nicht genau weißt, was es bedeutet. Wenn du niemanden für eine Erklärung findest, such das Wort im Lexikon. Ich werde die Definition hier nicht aufschreiben, denn du sollst dich selbst bemühen, sie zu suchen. Suchen, suchen und noch mal suchen. Dein ganzes Leben musst du suchen, um dich weiter und weiter zu entwickeln. Es ist wichtig, dass du die Bedeutung dieses Eigenschaftswortes perfekt beherrschst, denn du musst demütig sein, wenn du den Kontakt mit dem Geist der ausgewählten Person wünschst. Wenn du es nicht erreichst, in diesen „Geisteszustand" zu kommen, ist eines sicher: Es wird nicht funktionieren, du wirst nicht gehört werden.

Um demütig zu sein, ist es wichtig zu beten. Ein Gebet ist nicht gezwungenermaßen die Wiedergabe eines auswendig gelernten Textes, obwohl diese Möglichkeit sicherlich helfen kann. Ich betone, Beten ist vor allem und im Besonderen, in der Hingabe zu sein und uns der Schwächen unserer menschlichen Situation bewusst zu werden.

Du hast schon gemerkt, dass überall auf der Welt betende Menschen besondere Körperhaltungen einnehmen: Sie knien, die Hände gefaltet, den Kopf nach unten neigend, den Rücken gekrümmt, auf dem Boden kauernd, auf dem Bauch liegend, die Arme gekreuzt etc. Diese Stellungen helfen, um die für das Gebet nötige Demutshaltung zu erreichen.

Für mich persönlich reicht es, beim Gebet nur die Augen zu schließen. Die Geste der gefalteten Hände kann helfen; wir kennen sie von den Katholiken, aber auch von vielfältigen Fresken und Malereien, die hinduistische oder ägyptische Gottheiten darstellen. Die Grundbedeutung dieser Haltung entspricht der Symbolik der zwei Hände, sich seinem Meister, seinem Gott oder Erschaffer hinzugeben. Manche sehen darin ein perfektes Gleichgewicht zwischen dem Körper und dem Geist, der ihn bewohnt, andere ein neutrales Verhalten den spirituellen Kräften gegenüber, die uns umgeben.

Wenn du mit dem Geist eines verstorbenen Menschen, den du kennst und liebst, in Kontakt treten möchtest, werde ich dir erklären, was du machen musst. Du wirst überrascht sein, es ist nicht sehr schwierig. Vielleicht möchtest du ihm etwas Persönliches sagen, ihn um Rat fragen oder ihm einfach sagen, dass du ihn gern hast. Du wirst es können, es ist sehr einfach.

Du musst zuerst einen Moment suchen, wo du allein und in der Ruhe sein kannst.

Du ziehst dich an einen Ort zurück, der dir gehört: dein Zimmer, eine Hütte, die du gebaut hast, dein Campingzelt, ein ruhiger Ort auf dem Land. Das kann auch ein dem Gebet geweihter Ort sein, wie eine Kirche, ein Tempel, eine Moschee oder eine Synagoge. Nun ja, es ist nicht immer leicht, zu solchen wunderbaren Gebäuden zu gelangen, wo tiefe Gefühle aufkommen. Wenn du wirklich geübt bist zu beten und dich ganz in dich zurückziehen kannst, ist es egal, wo du betest, sogar mitten in einer Menschenmenge, in einem Bus oder einer überfüllten Bahn.

Wenn du also das Richtige für dich gefunden hast, setz dich bequem hin, die sitzende Haltung ist gut geeignet, lass deinen Körper mit allen

Muskeln los. Schließe die Augen und neige deinen Kopf nach unten. Wenn du die für das Gebet unbedingt notwendige Demut finden willst, falte die Hände und atme ruhig und tief.

Atme langsam ein und fülle so viel Luft wie möglich in deine Lungen, atme dann genauso langsam wieder aus. Du lässt positive Energie beim Einatmen einströmen und atmest negative Energie aus.

Wiederhole dies fünf- oder sechsmal, bis du dich vollkommen entspannt fühlst.

Dann bittest du mit deinen Gedanken um Erlaubnis, mit dem Geist des Menschen, den du kennst, in Kontakt zu kommen. Du stellst dir sein Gesicht vor, seine Stirn, seine Haare, seine Augen, seine Nase, seinen Mund, sein Kinn, seinen Hals und dann seinen Körper. Vielleicht erinnerst du dich an einen besonderen Moment, den du mit ihm erlebt hast? Vielleicht auch an ein Gespräch mit ihm? Wenn sein Bild ganz klar in deinem Kopf ist, dann bist du in direktem Kontakt zu seinem Geist. Nun kannst du ihm also sagen, was du möchtest. Das dauert nicht lange. Der Geist dieses Menschen wird sehr schnell wieder verschwinden. Du musst wissen, dass die Zeit im Jenseits nicht dieselbe Bedeutung hat, und wenn der Kontakt von wenigen Sekunden dir sehr kurz erscheint, wird es für den Geist, den du gesehen hast, genug sein. Du kannst sicher sein, dass du gehört wurdest. Du solltest weder beharren noch es zu oft machen. Einige Minuten in der Woche oder im Monat reichen aus.

Von dem Moment an, wo das Bild des Geistes in deiner Vorstellung verschwindet, kannst du sagen, dass der Kontakt stattgefunden hat. Du kannst die Augen öffnen und etwas anderes machen, ohne zu vergessen, dem Jenseits zu danken, dass dir das Treffen gewährt worden ist. Versprichst du mir, es zu versuchen? Es kann sein, dass dieses geistige In-Kontakt-Treten nicht beim ersten Mal gelingt. In diesem Fall wartest du auf eine andere Gelegenheit. Aber nicht am selben Tag. Das wird nichts. Tu es später. Man muss Geduld haben.

# Mein erstes Zeichen

Mein Onkel Gaston war ein liebenswürdiger Mann. Er antwortete stets auf meine Fragen mit viel Freundlichkeit und Feingefühl.

Als kleiner Junge von zehn Jahren richtete ich an diejenigen, die mir zuhörten, Fragen, die kein Ende nahmen: „Woher kommen wir? Wohin gehen wir nach unserem Tod? Wo waren wir, bevor wir geboren wurden?"

Wenn er das hörte, knetete Onkelchen seinen schönen weißen Schnurrbart, richtete seine verschmitzt blickenden, mit vielen Fältchen umgebenen Augen auf mich und sagte in wissender Art und Weise: „Komm, Kleiner, lass uns einen Waldspaziergang machen."

Das Häuschen, das wir in meiner Kindheit bewohnten, grenzte an einen dichten Wald. Es genügte, einige hundert Meter auf seinen engen Pfaden zu laufen, um sich verloren und isoliert vom Rest der Welt zu fühlen. In diesem Halbdunkel angekommen, begann mein Onkel zu sprechen. Er erfand unglaubliche Geschichten von Elfen und Gespenstern. Jedes Mal dasselbe Ritual: Mitten in der Geschichte, hielt er urplötzlich an. Ich, ungeduldig, drängte ihn:

„Und weiter?" …Er antwortete:

„Und weiter…warte ein wenig, es wird gleich weitergehen!"

Dann, nach minutenlangem Marsch im Schweigen, wurde die Erzählung an der Stelle fortgesetzt, an der sie unterbrochen wurde. Ich liebte diese Momente. Manchmal waren wir so eingenommen von seinen erfundenen Fortsetzungsgeschichten, dass wir kaum den Rückweg finden konnten. Ohne Ahnung, wohin wir uns wenden sollten, knurrte er:

„Siehst du, wie spät es ist? Man wird mit uns schimpfen!“ Ich nutzte sein Zögern aus, um ihn zu überholen. Er ließ mich eine Weile vorangehen, dann fasste er mich an der Schulter und rief:

„Nicht da lang, das ist der falsche Weg!“

Während eines dieser wunderbaren Spaziergänge, als er wahrscheinlich bereits wusste, dass er sehr krank war, sagte er mir:

„Also, mein Kleiner, ich werde dir ein Geheimnis verraten, erzähle niemandem etwas darüber.“

„Versprochen, Onkelchen, ich schwöre“, antwortete ich ihm und spuckte auf die Erde, um damit unseren Pakt zu besiegeln.

Das Wetter verschlechterte sich und ein Gewitter kündigte sich an. Eine feuchte Hitze umfing uns als hätte uns ein Riese einen schwarzen Wollmantel um die Schultern gelegt. Der Himmel wurde dunkel. Mein Onkel erschien mir plötzlich ebenso grau. Er atmete tief, bevor er sagte:

„Ich werde das Leben verändern.“

„Das Leben verändern?“

„Ja, ich werde alles verlassen, aber ich werde glücklicher sein als jetzt.“

„Willst du dich scheiden lassen? Willst du Tantchen verlassen?“

„Nein, ich will mich nicht scheiden lassen…“

„Du gehst weg, ohne es jemandem zu sagen?“

„Ja, nur dir!“

„Mir?“

„Ja, denn nur Kinder in deinem Alter können diese Dinge verstehen.“

Da ich sonst gegenteilige Gedankengänge von Erwachsenen gewohnt war, wuchs mein Stolz darüber. Dieses eine Mal stand ich auf Grund meiner Jugend über den Erwachsenen. Aber trotzdem, die Vorstellung, mein Onkelchen niemals wieder zu sehen, ließ einen Kummer in mir aufsteigen, den ich schlecht verbergen konnte.

„Du musst nicht traurig sein, Kleiner. Ich habe genug von diesem Leben. Die Menschen interessieren mich nicht mehr. Ich habe mich eingehend mit der Frage beschäftigt…“

„Aber wohin wirst du gehen?"

„Ich kenne das Geheimnis, mich in einen Adler verwandeln zu können."

„Lügner!"

Ich nahm das Taschentuch, das er mir reichte. Dieses Mal ging er zu weit. Ich war nicht so blöd, wie er dachte, mir solchen Unsinn weismachen zu können.

„Es ist dennoch wahr. Vielleicht bist du schon zu groß, um eine solche Verwandlung zu verstehen.

„Aber das ist unmöglich! Wie willst du das machen?"

„Bei einem Spaziergang vor einiger Zeit habe ich im Wald einen toten Adler gefunden. Ich habe ihn mit nach Hause genommen und als Dank hat er mir verraten, was man machen muss.

„Vögel sprechen nicht, pfff!"

„Doch, die Papageien sprechen!"

„Ja, aber Adler nicht!"

„Dieser aber doch!"

„Also war er nicht tot?"

„Nein, er hat nur so getan, damit ihn jemand mitnimmt."

„Egal! Ich glaube dir nicht!"

„Du wirst es sehen!"

„Hör auf, mir Unsinn zu erzählen. Ich bin kein Baby mehr!"

„Wenn ich dich vom Himmel aus erkenne, werde ich nicht mit dir reden können; das ist nach der Umwandlung nicht erlaubt. Aber ich kann dir trotzdem ein Zeichen geben."

„Ein Zeichen?...Welches Zeichen?"

Ich mache Achten!"

„Achten?"

„Ja, beim Fliegen zeichne ich Achten. So wirst du mich erkennen; du wirst wissen, dass ich es bin und dass es mir gelungen ist."

Dann haben wir, versunken in unseren Gedanken, nicht mehr geredet, bis wir zu Hause angelangt waren, wo uns das Essen erwartete.

Einige Wochen später hat meine Mutter mir erzählt, dass mein Onkel gestorben ist. Papa war beruflich in Afrika, meine Mutter und ich fuhren zum Dorf, in dem mein Onkel lebte, und nahmen an der kirchlichen Abschiedszeremonie teil.

Bevor der Sarg verschlossen wurde, umarmte ich meinen Onkel noch einmal mit diesem seltsamen Gefühl, das ich schon beschrieben habe. Meine Tante weinte.

„Sei nicht traurig, Tantchen. Onkelchen ist gegangen. Er ist nicht mehr da. Er ist schlau, weißt du?“

„Ja, du hast Recht. Du hast Recht… Du hast vollkommen Recht. Er ist nicht mehr da. Ich erkenne ihn in dieser Kiste nicht mehr.“

Auf dem Rückweg fuhr meine Mutter das Auto. Es war heiß, sehr heiß sogar, wahre Hundstage. Wir fuhren behutsam, die Fenster waren ganz geöffnet. Ich amüsierte mich damit, meine Haare im Wind flattern zu lassen, als ich ihn plötzlich zwischen zwei großen Wolken bemerkte. Kein Zweifel, das war er! Hoch, sehr hoch oben am Himmel schwebte, seine Richtungen wechselnd, ein enorm großer Vogel. Ein Adler, das war sicher.

Er machte Achten.

„Bravo, Onkelchen, es ist dir gelungen“!

Ich war weit weg von ihm, aber ich bin sicher, dass er mich gehört hat, denn er verschwand sogleich.

Verglichen mit der Zeit, als sich mein Onkel für mich wirklich in einen Vogel verwandelte, denke ich heute sehr viel unterschiedlicher darüber. Meine Untersuchungen ermöglichten es mir zu verstehen, dass der Geist Verstorbener in der Lage ist, uns Zeichen zu senden, die ihr Überleben beweisen. Um meinen Kummer zu verringern, hat es Onkel Gaston fertiggebracht, mir zu zeigen, dass sich seine Existenz auf der anderen Seite des Schleiers fortsetzt.

Das Jenseits schickt uns regelmäßig Zeichen, die uns vermitteln sollen, dass das Leben im Moment des Todes nicht beendet ist. Wir sind allerdings meist in unserer Wahrnehmung blind und taub. Wir verstehen sie als Zufall oder zufällige Übereinstimmungen. Nur einige Eingeweihte wissen, dass es diese Begriffe nicht gibt.

# André-Jean und der gelbe Schmetterling

André-Jean war erst 11 Jahre alt, als seine Mutter starb. Seine Geschichte ähnelt sehr derjenigen, die ich dir gerade erzählt habe.

Er ist heute ein gestandener Mann, Papa von drei Kindern und von Beruf Maurer.

Er hatte ein sehr seltsames Erlebnis bei der Beerdigung seiner Mutter Jaqueline an diesem traurigen Tag im Herbst 1991.

Jaqueline liebte Schmetterlinge und sammelte alle deren Fotos, die sie hier oder da finden konnte. Sie hasste es, sie wie Jagdtrophäen aufgespießt in Glaskästen zu sehen. Wie kann man stolz darauf sein, solche Schönheiten getötet zu haben, dachte sie, wenn sie manchmal vor diesen bemitleidenswerten Ausstellungsstücken vorbeigehen musste.

Eines Tages, als sie bereits wusste, dass das Ende ihres Lebens nahte, rief sie ihren Sohn zu sich in ihr Zimmer und sagte: „Ich werde bald beim lieben Gott sein. Ich habe keine Kraft mehr, ich kann weder essen noch aufstehen. Ich möchte, dass du weißt, dass ich immer bei dir bin. Ich werde dich nicht verlassen. Ich werde dich niemals verlassen. Ich werde Gott bitten, dir zu beweisen, dass ich da bin, bei dir und für immer."

Als Jaquelines Sarg ins Grab gesenkt wurde, bemerkte André-Jean eine Art von Papier, das über dem Grab herumwirbelte. Es war noch oben im grauen Himmel und kam ihm Stück für Stück näher. In dem Moment, als er eine Rose auf den Sarg warf, setzte sich das nicht identifizierte Flugobjekt auf den Ärmel seiner Jacke. Es war kein Papier; es war ein wunderschöner gelber Schmetterling. Gelb wie die Lieblingsfarbe seiner Mutter. Übrigens hat sein Vater sich große Mühe gegeben, gelbe Rosen zu besorgen. Mit Hartnäckigkeit hat er letztlich erfolgreich erreicht, was so manche vielleicht als Spleen bezeichnen würden.

André-Jean wagte es nicht, sich während der ganzen Zeremonie zu bewegen, aus Angst, der Schmetterling könnte wegfliegen. Er dachte sofort an das Versprechen seiner Mutter und konnte seine Tränen nicht zurückhalten. Sein Papa drückte ihn an sich und der Schmetterling flog davon.

Im Auto erzählte er seinem Vater dieses Erlebnis. Aber als Antwort erhielt er nur ein verlegenes Räuspern, das zeigte, dass Jaquelines Mann nicht an Äußerungen des Jenseits glaubte.

Doch die Geschichte endete da nicht. Am Abend in seinem Zimmer fühlte André-Jean vor dem Einschlafen etwas Schnelles über seinem Kopf. Es war wie eine Berührung, eine Art zärtliches und flüchtiges Streicheln über seine Haare. Angstvoll stand er auf und erkannte sogleich die Ursache für sein Erschrecken. Auf der Sprosse seines Bettes hatte sich der wunderbare gelbe Schmetterling niedergelassen. André-Jean konnte sich nicht zurückhalten und rief mit lauter Stimme:

„Bist du es, Mama?“

Und da, unglaublich, verschwand der Schmetterling. Er flog nicht weg. Er verschwand. Puh, nichts mehr!

Mit feuchten Augen hat mir der Maurer diese bewegende Geschichte erzählt. Er versteht noch immer nicht, warum dieser gelbe Schmetterling in dieser Jahreszeit da war. Wie konnte er ihm in sein Zimmer folgen, das ungefähr 20 Kilometer vom Friedhof entfernt war? Hätte er ihn im Auto begleiten können? Wie hätte ihn in diesem Fall niemand beim Ein- und Aussteigen bemerken können? Wie konnte er ins Haus und eine Etage höher in sein Zimmer gelangen? Wie konnte er so schnell verschwinden, wie er gekommen war?

Es gibt nur eine logische Antwort auf all diese Fragen:

Nach ihrem Tod wollte Jaqueline ihrem Sohn beweisen, dass sie ihr Versprechen hält und ihn niemals verlassen wird.

# Zufall und zufälliges Zusammentreffen gibt es nicht

Der große Gelehrte Albert Einstein dachte, dass es Zufall und zufälliges Zusammentreffen nicht gibt. Sein berühmter Satz, den ich dir schon vorgestellt habe: „Gott spielt nicht mit Würfeln“ fasst dies gut zusammen.

Tatsächlich müsste man diese zwei Wörter durch ein einziges ersetzen: das Wort „Synchronizität“. Es ist ein bisschen schwierig zu merken, ich gebe es zu. Es erscheint dir kompliziert, weil es sehr wenige Menschen in einem Gespräch verwenden.

Unter Synchronizität versteht man aus dem Jenseits gesendete Zeichen, um unseren „freien Willen“ zu leiten.

Der Adler, der über meinem Kopf Achten flog, oder der gelbe Schmetterling auf dem Bett von André-Jean sind Beweise solcher Synchronizität.

Sie können sich auf unterschiedliche Art und Weise äußern. Das kann beispielsweise ein Wort auf einem Lastwagen sein, den du gerade auf der Straße entlangfahren siehst und der dir dadurch eine Antwort auf eine Frage gibt, die du dir gestellt hast, oder indem du einen Gegenstand findest, der dich an einen verstorbenen Menschen genau in dem Moment erinnert, an dem du an ihn gedacht hast. Verstehst du?

Michèle Riffard war ein bekanntes Medium und übte ihre Fähigkeiten bis zu ihrem Tod aus. Sie verstarb in der Nacht vom 4. auf den 5. September 2014. Sie war 93 Jahre alt. Ihre Tochter glaubte weder ans Jenseits noch an mediale Begabungen. Sie erzählte mir, dass sie während der Vorbereitungen des Begräbnisses überlegte, wie der Titel des Lieblingsmusikstückes ihrer Mutter hieß. Sie hätte es so gerne in der Kirche spielen wollen.

Auf der Fahrt zum Dorf, in dem der Körper ihrer Mutter aufgebahrt war, hörte sie im Radio die Melodie, die sie suchte, gefolgt von der Ansage des Titels und des Komponisten; es handelt sich um ein sehr selten von den Sendern gespieltes Musikstück! Schönes Zeichen, oder? Ein Zeichen, dem es gelungen ist, den Geist der Tochter ein wenig zu öffnen, denn sie gestand mir, dass dieses „zufällige Zusammentreffen" sie sehr verwirrt hat.

Alle diese Zeichen, die uns vom Jenseits geschickt werden, sind wahre Geschenke, um uns darauf hinzuweisen, dass unsere Lieben in der nicht sichtbaren Welt lebendig sind.

Häufig schreiben mir die Leute oder fragen während eines Vortrags, warum sie niemals Zeichen ihrer verstorbenen Angehörigen erhalten. Ich gebe ihnen immer dieselbe Antwort: Die Zeichen sind vorhanden für jeden von uns, aber man muss bereit sein, sie zu akzeptieren, um sie wahrzunehmen.

Eines Abends habe ich nach einem Vortrag wie immer Widmungen in meine Bücher geschrieben. Vor meinem Tisch hatte sich eine lange Reihe von Menschen angesammelt. Eine Mutter bat mich, etwas für ihren „geliebten Mickey" zu schreiben. So nannte sie ihren Sohn, der kürzlich bei einem Verkehrsunfall getötet wurde. Während sie mich schreiben sah, beklagte sie sich, dass sie niemals das kleinste Überlebenszeichen von ihm erhalten habe. Dann sagte sie mir, dass sie keinen Stift hätte, um den Scheck zum Bezahlen meines Buches ausfüllen zu können. Die Frau, die geduldig hinter ihr wartete, gab ihr einen, dessen Ende als toller Mickimauskopf geformt war! Ich machte darüber eine Bemerkung und sie antwortete: „Glauben Sie, dass es ein Zeichen von ihm ist?“ Sie hat es noch nicht einmal gesehen, als es direkt vor ihrer Nase war. Was braucht sie denn noch?

# Selbstmord – was ist das?

Du wirst manchmal das Wort tabu hören.

Man sagt, eine Sache ist tabu, wenn man darüber nicht sprechen möchte.

Wenn der Tod tabu ist, dann ist es der Selbstmord erst recht. Die Menschen vermeiden es, den Selbstmord zu erwähnen, und können es nicht ertragen, mit Kindern eine Diskussion darüber zu führen. Selbstmord ist eine Tatsache. Du wirst eines Tages notgedrungen davon hören. Es gibt also überhaupt keinen Grund, dir nicht klar meine Meinung darüber zu sagen.

Du kannst dir inzwischen vorstellen, dass wir ein Geist sind, der während seines irdischen Lebens in einem Körper wohnt.

Wir führen unseren Körper wie ein Fahrer sein Auto. Es gibt nur einen Fahrer pro Auto. Wir entscheiden durch unseren freien Willen, in welche Richtung wir wollen, welche Straßen wir benutzen wollen und welche Autos wir als Begleitung wollen. Aber es gibt auf unserer Reise Dinge, die wir nicht auswählen können; wir müssen sie also ertragen.

Wir können auf eine durch starken Regen rutschige Straße gelangen, eine Motorpanne haben, ein anderes Auto prallt auf uns auf und noch tausend weitere Sachen, alle unangenehm, die stören, was wir uns vorgenommen haben.

Viele Fahrer versuchen, ihre festgelegte Reiseroute fortzusetzen, und reparieren ihr verunglücktes Fahrzeug, verlangsamen ihre Geschwindigkeit auf rutschigen Straßen, reißen das Lenkrad herum, um einen Zusammenstoß zu vermeiden, oder suchen andere weniger schwierige und direktere Wege aus. Kurz, die Mehrheit der Menschen macht das Beste daraus, um sich schweren Situationen anzupassen.

Aber es gibt andere, die diese Prüfungen zu schwierig finden, und entscheiden, anzuhalten und aus ihrem Wagen zu steigen, ohne zu wissen, was danach passiert.

Sie denken, dass die Patsche, in der sie sich befinden, von ihrem Auto stammt. Sie irren sich natürlich! Das Auto hat damit nichts zu tun, und wenn sie die Möglichkeit hätten zu wechseln, würden sie es erkennen. In fast allen Fällen würden sie mit ihrem neuen Auto dieselben Fehler machen, die sie in dieselben Situationen führen würden.

Man sollte es aber denjenigen, die entscheiden, vorzeitig auszusteigen, nicht verübeln. Sie fühlen sich von den Ereignissen überrollt und es gibt in ihren Augen keine andere Lösung als die, für die sie sich entschieden haben. Kaum aus dem Auto ausgestiegen, wird ihnen klar, dass sie eine schlechte Wahl getroffen haben.

Du fragst dich sicherlich, woher ich das weiß. Das haben mir ebenfalls diejenigen bestätigt, die vom Tod zurückgekehrt sind. Ich habe viele befragt und fast alle, die versucht haben, sich umzubringen, haben ihre Tat bereut und hatten überhaupt keine Lust mehr, diese Dummheit zu wiederholen.

Hier zum Beispiel der Auszug aus dem Brief eines jungen Mädchens, das auf Grund von Liebeskummer versucht hat, mit einem Haufen Tabletten ihrem Leben ein Ende zu setzen.

*„Ich bin eingeschlafen, nachdem ich alle Schlaftabletten geschluckt habe, die ich in meinem Apothekenschränkchen finden konnte. Ich sagte mir, es ist mein Ende und ich werde nie mehr aufwachen. Aber stattdessen befand ich mich über dem Dach meines Hauses und davor standen die Einsatzfahrzeuge der Feuerwehr und der Polizei. Dieses*

*Hin und Her war wegen mir, das war mir klar. Ich entschied, von dort wegzugehen. Ich wusste nicht wohin. Ich sah Lichter um mich herum. Ich bewegte mich so schnell fort, dass die Lichter eine kontinuierliche Linie bildeten. Dann befand ich mich in einem weißen Saal, wo ich auf einer Art riesigem Bildschirm die Menschen sah, die wegen meines Selbstmordes trauerten. Das waren alle Menschen, die ich liebte und die sehr unglücklich waren wegen mir, wegen meines Todes und vor allem wegen meines Selbstmordes. Ich dachte, das ist doch nicht möglich, ich muss zurück, um ihnen zu sagen, wie sehr ich sie liebe und immer lieben werde. Mein Freund, der der Grund für meinen Selbstmord war, war nicht sehr betrübt darüber. Er hat sich sehr schnell anderen Dingen zugewandt. Ich erhielt die Gelegenheit, in seine Zukunft zu blicken. Er war mit einer anderen Frau zusammen, die er liebte und die nicht dieselbe war, wegen der er mich verlassen hat. In diesem weißen Saal sah ich alles und verstand alles. Die Zukunft und die Vergangenheit wurden mir gezeigt, wie auch gleichzeitig alle Antworten auf alle meine Fragen gegeben wurden. Ich hatte nicht die Zeit, alle Antworten zu speichern, aber ich weiß, was ich getan habe, war nicht gut. Das war das Gegenteil von Liebe. Es war eine Tat aus Zorn und Angst. Ich war wütend und wollte weglaufen. Aber in diesem weißen Saal wollte ich nicht weglaufen, denn ich sah die negativen Folgen meines Selbstmordes, alle Menschen, die ich liebte und unglücklich gemacht habe. Mein Vater, der seit zwölf Jahren tot war, kam zu mir in den weißen Saal. Er schimpfte mit mir wie damals, als ich ein kleines Mädchen war, und dann sagte er, ich solle ins Leben zurückkehren. Ich bin dann tatsächlich bei der Reanimation in dem Moment aufgewacht, als eine Krankenschwester meinen Speichel mit einem kleinen, dünnen Schlauch absaugte. Seit diesem Erlebnis habe ich echt keine Lust mehr, mir etwas anzutun. Ich sehe das Leben nun mit anderen Augen und habe gelernt, anderen zu helfen und sie zu lieben.“*

In den untersuchten Fällen von erfolglosem Selbstmord konnte ich feststellen, dass die vom Tod zurückgekehrten Personen nicht die in den Religionen beschriebenen grausamen Dinge erlebten. Sie haben also nicht die Hölle erlebt, die für sie angeblich vorgesehen ist. Aber es ist ihnen bewusst geworden, dass die Wahl, ihrem Leben ein Ende zu setzen, nicht die beste Lösung ist.

Hier der Auszug eines anderen Briefes von einem Automechaniker, der wegen finanzieller Probleme entschieden hat, Selbstmord zu begehen. Er versuchte, sich mit den Abgasen seines Autos zu vergiften.

*„Als ich Gott vor mir sah, habe ich seine unendliche Barmherzigkeit auf seinem Gesicht gesehen. Er hat meine Tat nicht verurteilt, er hat mich mit seiner unglaublichen Liebe umfangen und mir die Arme geöffnet. In diesem Moment habe ich verstanden, dass das, was ich tat, schlecht war. Ich war es selbst, der mich verurteilte, nicht Er.“*

Es gibt etwas, das du wissen solltest. Wenn jemand, den du gut kennst, einen Selbstmord vorhat, musst du dir sagen, dass seine Wahl nichts mit dir zu tun hat. Es ist seine Wahl, nicht deine.

Stell dir vor, du folgst einem Auto, das von einem Freund oder Familienmitglied gefahren wird, und ihr habt beschlossen, ein Stück des Weges gemeinsam zu fahren. Wenn das Auto vor dir plötzlich anhält und dein Freund oder Familienmitglied aussteigt und es mitten auf der Straße verlässt, wirst du trotzdem nicht denken, dass es deine Schuld ist, oder? Ich sage dir das, weil sich sehr häufig Familienmitglieder oder der Freundeskreis verantwortlich und schuldig fühlen, aber das ist völlig falsch.

Um das in diesem Kapitel Gesagte abzuschließen, sollst du wissen, dass Selbstmord niemals die gute Lösung ist und dass diejenigen, die versuchten, sich das Leben zu nehmen und im Jenseits waren, immer ihre Tat bedauerten und niemals wiederholen wollten. Sie mussten auch nicht in der Hölle auf Ewigkeit brennen mit dem Teufel als einzigem Kumpel. Auch sollen sich die Angehörigen der Selbstmörder nicht, weswegen auch immer, verantwortlich fühlen.

# Besitzergreifende Geister

Selbstmord ist die zweithäufigste Todesursache bei Heranwachsenden (15% der Toten in diesem Altersabschnitt), weit hinter Verkehrsunfällen (40%). Und diese 15% scheinen beträchtlich unterschätzt, denn viele der jungen Menschen, die am Steuer getötet werden, haben selbstmörderische Absichten. Ist es nicht ein echter Selbstmord, wenn man sehr schnell fährt, nachdem man Alkohol oder Drogen genommen hat?

Die Entscheidung, sich das Leben zu nehmen, kann nach langer Überlegung erfolgen oder von einem plötzlichen unkontrollierbaren Antrieb abhängen. Wenn also nichts eine solche Tat vermuten lässt, hat sich dieser Mensch knallhart entschlossen zu sterben. Alle sind befremdet und fragen sich, was im Kopf dieser Person vorging, eine solch entsetzliche Entscheidung zu treffen. Es gibt eine Erklärung. Sie ist ganz und gar logisch, in Bezug darauf, was ich dir schon dargestellt habe.

Unser Gehirn empfängt vielerlei Informationen, aber die von unserem Geist kommen, sind die am besten wahrgenommenen.

Vergleicht man das Gehirn mit einem Radio, so könnte man sagen, es würde vom Geist seines Besitzers eingestellt; das heißt, ein bestimmter Sender, der ausgewählt wird, zum Beispiel RTL oder France inter. Die empfangene Sendung wäre sehr klar und perfekt hörbar.

Wenn du dein Radiogerät aus dem guten Empfangsbereich entfernst, empfängt er den Sender, den du gerade hörst, weniger gut und du könntest irgendetwas aus irgendeinem anderen Sender empfangen: Amateursender, Piratensender oder andere mehr oder weniger gute Emissionen. Alle diese gehen dir auf die Nerven und du entscheidest, entweder das Radio auszuschalten oder auf Sendersuche zu gehen oder dich von deinem Standort zu entfernen, um wieder deinen Lieblingssender zu finden.

Wenn du dich von den wichtigsten Informationen deines Geistes entfernst, kann dein Gehirn auf die gleiche Weise wie ein Radio Nachrichten empfangen, die von einem anderen Geist stammen und dir schlechte Gedanken einflößen. In diesem Fall solltest du dich so schnell wie möglich wieder mit den Informationen deines Geistes verbinden und ganz klar diejenigen abstellen, von denen du nicht weißt, woher sie kommen.

Du fragst, wie man das machen kann. Das ist ganz einfach. Es reicht zu denken: „Ich jage alle diese schlechten Gedanken weg, die nicht von mir stammen", damit sie wie durch Zauber verschwinden.

Für besitzergreifende Geister, so nennt man sie, ist es ein Horror, erkannt zu werden, und sie sind unfähig gegenüber den Befehlen, die du deinem Gehirn gibst. Da kannst du dir sicher sein.

Du bist und wirst immer der Chef deines Lebens sein. Ich wiederhole es dir immer wieder: Du hast deinen freien Willen und wirst ihn immer haben.

Unglücklicherweise wissen das manche nicht und lassen sich von besitzergreifenden Geistern in Beschlag nehmen und zu schlimmen Dingen verleiten. Es ist so, dass ganz und gar ehrbare und normal erscheinende Menschen schreckliche und zum Teil nicht wiedergutzumachende Taten begehen, die man von ihnen nicht erwarten würde. Danach erinnern sie sich an nichts oder sagen, sie hätten Stimmen gehört, die von ihnen verlangten, die Befehle auszuführen. Es gibt viele Beispiele. Du hast wahrscheinlich im Fernsehen schon davon gehört. Ein ganz normaler und netter Mann nimmt eines Tages ein Gewehr und schießt auf Menschen. Ein anderer rast mit dem Auto in einen Weihnachtsmarkt und tötet etliche Menschen oder ein Pilot lässt ein Flugzeug voller Passagiere an einem Berg zerschellen... Es gibt eine lange Liste solcher Dramen. Man kann regelmäßig in den Zeitungen darüber lesen.

Alle diese schrecklichen Mörder sind auch Opfer; sie konnten nicht die Geister, die von ihnen Besitz ergriffen haben, zum Schweigen bringen.

Bei solchen dramatischen Geschehnissen weiß unsere Gesellschaft nicht, was mit Menschen geschehen soll, die für einige Minuten, in denen sie sich nicht kontrollieren können, zu Monstern werden. Wie soll man reagieren? Sie einsperren für den Rest ihres Lebens oder belastenden Behandlungen aussetzen, um zu versuchen, ihren Wahnsinn zu heilen? Unglücklicherweise gibt es bis heute kein Wundermittel, um solche Besessenheiten zu heilen. Das einzige und wahrhaftige Mittel liegt in ihnen selbst. Es reicht völlig aus, wenn sie den Entschluss fassen, sich von ihren schlechten Gedanken zu befreien. Und das kann niemand für sie tun. Man kann und sollte natürlich versuchen, ihnen zu helfen, aber sie haben ihren freien Willen und sind Meister ihres Lebens.

Du wirst dich ganz bestimmt fragen, woher diese besitzergreifenden Geister kommen, die sich unserer bedienen wollen, um Böses zu tun.

Auf diesem Planeten gibt es liebenswerte und nette Menschen. Das weißt du selber. Aber es gibt auch bösartige Männer und Frauen, die schlechte und grausame Taten verüben.

Wenn solche hasserfüllten Menschen sterben, werden sie nicht Engel, obwohl sie ins Jenseits hinübergehen. Sie könnten natürlich einige Dinge verstehen, sich in eine gute Richtung entwickeln und transformiert werden, wie wir sagen, genau wie jemand, der wegen eines Herzstillstandes die bedingungslose Liebe kennengelernt hat. Aber sie können auch diese spirituelle Entwicklung zurückweisen und mit ihrem freien Willen an den zerstörerischen Taten festhalten. Solche Persönlichkeiten werden zu besitzergreifenden Geistern, die um jeden Preis versuchen, die Gehirne der Lebenden zu besetzen. Deshalb ist es sehr gefährlich, in spiritistischen Sitzungen Geister anzurufen, nur um sich zu amüsieren. Man weiß nie, an wen man geraten kann!

Auch du hast irgendwann sicherlich schon einmal schlechte Gedanken gehabt. Das ist ganz normal, jeder kennt es, du, ich, alle Menschen.

Man sollte sich nicht schuldig fühlen, wenn man solche dunklen Gedanken hat. Sie kommen nicht von dir. Im Gegenteil, du sollst stolz und glücklich sein, dass dein Geist in der Lage ist, sie wegzujagen, indem er sie erkennt als fremden Einfluss, der versucht, dich „an der Nase herumzuführen", wie meine Großmutter sagte.

# Der Geist von Tieren

Mein Onkel Gaston liebte Katzen.

In seinem Haus sah man sie überall.

Weil sie diese große Liebe kannten, setzten die Leute die Tiere ohne Skrupel in seinem Garten aus. Er nahm sie alle auf. Jedes Mal sagte er zu meiner Tante: „Wir haben einen neuen kleinen Feger“, und meine Tante antwortete unweigerlich: „Meinst du nicht, dass wir genug davon haben?

Sie hatten alle einen Namen. Ich erinnere mich an einige: Hinkebein, Einauge, Phantom, Schnurrer, Hahn im Korb, Eidechse, Spinner, Schlingel, Pummel. Es gab hässliche, schöne, haarlose oder mit Fell, ganz junge, sehr alte, übel zugerichtete, kranke; ganz gleich in welchem Zustand oder Temperament, Onkelchen liebte sie alle mit der gleichen Leidenschaft.

Der Tatendrang der kleinen Raubtiere variierte je nach Stimmung meines Onkels, so dass man genau wusste, wenn man man zu ihm nach Hause kam, ob er „gut oder schlecht gelaunt“ war. Wenn er verärgert oder unglücklich war, verhielten sich die Katzen leise, als wären sie nicht da. Sie schlichen wie unsichtbar und geduckt durch die Möbel oder Bücher. Im gegenteiligen Fall sprangen und hüpften sie überschwänglich und stolz in alle Richtungen; da konnte man sicher sein, dass Onkelchen uns mit einem Lächeln empfing.

Tante Helene erzählte uns, dass die Katzen in der Woche vor dem Tod ihres Mannes ihm miauend überallhin folgten. Er selbst schien über solch ungewöhnliches Verhalten nicht erstaunt zu sein, und wenn man ihn nach einer Erklärung dieses merkwürdigen Benehmens fragte, antwortete er: „Es ist nichts, es ist die Katzenrunde."

In Wirklichkeit wusste er sehr gut, dass seine kleinen Lieblinge spürten, dass ihr Herrchen bald ins Jenseits hinübergehen würde.

Katzen haben einen sechsten Sinn, mit dem sie solche Ereignisse vorhersehen. Das ist inzwischen bekannt.

Ein berühmter Kater namens Oskar war die zentrale Figur eines Buches und mehrerer Fernsehsendungen, denn er war in der Lage, im Voraus den Tod von Bewohnern einer Pflegeeinrichtung zu erkennen, in der er in völliger Freiheit lebte. Er irrte sich niemals und stand oft im Widerspruch zu der Meinung der Ärzte, die irritiert waren von der Genauigkeit der Vorhersagen des berühmten Katers.

Der Hinweis war immer derselbe: Oskar kletterte auf das Bett des kurz vor seinem Tod stehenden Menschen und der auf diese Weise gekennzeichnete Kranke verstarb in den Stunden danach.

Wer dieses Wunder kennt, wird bestimmt nicht sehr zuversichtlich sein, wenn er dieses Tierchen auf sein Bett klettern sieht.

Tiere, vor allem Hunde und Katzen, sind besonders begabt, das Vorhandensein eines Geistes zu spüren. Du kannst manchmal bemerken, dass sie bewegungslos vor etwas Unsichtbarem erstarren, das sie anscheinend betrachten. Sie bellen, miauen oder schnurren, als wären sie bei jemandem. Sie zeigen dieses Verhalten, wenn sie mit einem Geist konfrontiert werden, der sie gerade besucht.

Das Gehirn der Tiere reagiert viel sensibler als unseres auf Zeichen aus dem Jenseits. Sie fangen die Nachrichten eines Geistes mit ebenso viel Leichtigkeit auf wie das Wesen ihres Herrchens.

Tiere haben auch die Fähigkeiten, Naturkatastrophen vorherzusehen. Ihre Intuition ist größer als unsere. So haben zum Beispiel Elefanten ihre Ketten zerrissen, um im Dezember 2004 vor dem berüchtigten Tsunami zu flüchten, der Millionen von Toten verursacht hat. Man hat in den Trümmern dieser verheerenden Naturkatastrophe nur sehr wenig Tierkadaver gefunden. Sie waren schon vor dieser Tragödie weg, als hätten sie es gewusst.

Du fragst dich sicherlich, wie ich wissen kann, dass Tiere einen Geist haben und welches die Gründe sind, die mich glauben lassen, dass auch ihr Geist den Körper im Moment des Todes verlässt, so wie es bei uns Menschen ist. Auch hier haben es mir wieder diejenigen bezeugt, die einen Herzstillstand erlitten haben. Hier einige Auszüge ihrer Darlegungen:

*„In diesem Paradies, in dem ich mich nach meiner Passage durch diesen von vielen als Tunnel beschriebenen Durchgang befunden habe, habe ich alle Hunde wiedergesehen, die ich in meinem Leben aufgezogen habe. Als ich sie in meinem Garten begrub – ich habe sie alle in meinem Garten begraben – dachte ich, dass ich sie niemals wiedersehen würde. Und dennoch waren sie alle da, um mich zu begrüßen und mit mir zu feiern.“*

ÉLIANE B.

Herzstillstand während einer schweren Krankheit

*„Meine Großmutter väterlicherseits, die ich nie kennengelernt habe, ist zu mir gekommen, um mir mitzuteilen, dass ich nicht bei ihr bleiben*

*könnte, sondern in meinen Körper zurück müsste. Sie ist vor meiner Geburt gestorben, aber ich habe sie sofort erkannt, weil mein Vater mir Fotos von ihr gezeigt hatte. Inmitten dieser großen Wiese war sie viel jünger und hübscher als auf den Fotos, die man mir gezeigt hat, und sie trug auf ihrem Arm einen großen, roten Kater. Als ich das meinem Vater erzählte, war er sehr verstört, denn seine Mutter hatte tatsächlich einen großen, roten Kater, der von einem Auto überfahren worden war. Er sagte mir, dass seine Mutter sehr unglücklich gewesen sei, auf eine solch brutale Weise ihren geliebten Kater zu verlieren. Ich hatte im Augenblick meiner Nahtoderfahrung von der Existenz dieses Katers keine Ahnung. Dieses Beispiel zeigt, dass Sie Recht haben, Herr Doktor, der Kater konnte keine Halluzination sein, weil ich von seiner Existenz gar nichts wusste!"*

MARTINE DE S.
Schwesternauszubildende,
vier Tage im Koma nach einem Autounfall

*„Eine Sache, die ich nie vergessen werde, ist die Begegnung mit Fafa, der Schildkröte meiner Kindheit. Ich habe sehr geweint, als sie vom Jagdhund meines Vaters getötet wurde. Meinem Vater tat es ganz besonders leid. Und sie nun alle beide vor mir zu sehen, meinen Vater, der vor mehr als 20 Jahren verstorben war, und Fafa an seiner Seite an diesem grandiosen Ort, der mit nichts vergleichbar war, was ich bisher kannte, das hat mich tief beeindruckt."*

BERNARD F.,
Herzstillstand nach einer Lungenembolie

*„In diesem Jenseits, wo ich konfrontiert wurde mit den vielfältigen Herrlichkeiten des Universums, sagte man mir, dass wir alle verbunden sind und dass wir mit unzerstörbaren Bändern aus Liebe vereint sind. Wir sind Geist, jeder von uns, jedes lebende Teilchen ist spirituell. Wir alle haben einen Geist, Menschen wie auch Tiere.“*

ADELLE J.
Herzstillstand nach hohem Blutverlust

Die Anwesenheit des Geistes eines verstorbenen Tieres wird sehr häufig von medial veranlagten Menschen wahrgenommen und somit die Gewissheit ihres Überlebens. Das Medium ist in der Lage, genauestens die Rasse des Tieres zu beschreiben, und wenn dessen Herrchen eine präzise Beschreibung bekommt, bleiben kaum Zweifel.

Es kann auch sein, dass der Geist eines verstorbenen Tieres sein Herrchen direkt kontaktiert, ohne auf ein Medium zurückzugreifen. Hier weitere Beispiele, die dies darlegen.

*Rusti war seit fünf Tagen tot, als ich von ihm ein fantastisches Zeichen erhielt. Ich war auf dem Sofa vor dem Fernseher eingeschlafen, als ich kleine zarte Berührungen auf meinem Bauch spürte. Mein Kater hatte die Angewohnheit, mir genauso mit seinen Pfoten den Bauch zu massieren, während ich fernsah. Ich öffnete die Augen. Ich habe ihn nicht gesehen, aber seinen Geruch wahrgenommen. Er hat mir, während ich schlief, eine Liebkosung geschenkt.“*

YVETTE R.

*„Mein Hund hatte die schlechte Angewohnheit, mit uns im Bett zu schlafen. Er rollte sich zu unseren Füßen zu einer Kugel zusammen. Am Jahrestages seines Todes erwachten wir morgens und stellten fest, dass unsere Decke am Fußende so geformt war, als hätte unser Hund die ganze Nacht bei uns gelegen. Mein Mann und ich waren umso mehr schockiert, als wir feststellten, dass wir beide in dieser Nacht von ihm geträumt hatten. Es gab für uns keinen Zweifel, dass er in dieser Nacht bei uns war.“*

FABIENNE G.

*„Ich kann sagen, dass Roky mir das Leben gerettet hat. Ich bin ihm unendlich dankbar, aber das Größte ist, dass es sein Geist war, der mich gerettet hat. Ich habe gerade in meiner Küche das Mittagessen vorbereitet, als ich sein Bellen im Park hörte. Das hat mich verblüfft, denn Roky war seit mehreren Monaten tot. Aber ich war sicher, dass er es war, sein Bellen war sehr speziell, ein bisschen rau, wovon er den Namen Roky erhielt. Ich hätte ihn zwischen Tausenden erkannt. Ich bin sofort in den Park gestürzt, um ihm zu begegnen. Ich habe ihn sogar mehrmals gerufen. Als ich im Begriff war, in mein Haus zurückzukehren, explodierte in meiner Küche die Gasflasche und zerstörte einen großen Teil meines Hauses. Wenn ich Rokys Geist nicht hätte bellen hören, wäre ich sicherlich bei der Explosion getötet worden.*

MICHELLE B.

Sei versichert, wenn du ein Tier geliebt hast und es gestorben ist, wird es dir weiterhin treu bleiben und sein Bestes geben, dir zu helfen, wenn du es benötigst.

Ruf es in deinen Gebeten. Es wird dich hören, ganz sicher.

# Die Fähigkeiten des Geistes

Wenn der Geist nach dem Tod seinen Körper ablegt, ist er zu vielen Dingen in der Lage, die uns unmöglich zu sein scheinen.

Wenn man dann alle diese Berichte von Personen anhört, die vorübergehend tot waren, fällt es schwer, daran zu glauben. Wir bleiben in unseren Gewissheiten stecken. Und alle, die darüber berichten, wissen nicht, wie sie von dem Unbegreiflichen erzählen sollen. Das ist, als würde man versuchen, einer Ameise zu erklären, dass Lebewesen Autos, Raketen und Flugzeuge steuern können! Ganz unmöglich, nicht wahr?

Nur diejenigen, die vom Tod zurückgekehrt sind, haben die unendlichen Kräfte des von seinem Körper befreiten Geistes kennengelernt, wie Materie zu durchqueren, eine Zeitreise zu machen, telepathisch zu kommunizieren oder „alles über alles" zu wissen. Ja, perfekt, alles über alles zu wissen.

Der Geist, der im Licht der bedingungslosen Liebe ankommt, erhält die Fähigkeit, alles zu verstehen und alles zu kennen. „Es genügte, eine Frage zu stellen, gleichgültig welche und die Antwort erschien sogleich. Chemie, Geographie, Wissenschaften, Mathematik, alles. Obwohl ich schlecht in Mathe war...", erzählt Jean Morzelle, einer der im Jenseits war. Leider behalten diese Menschen, wenn sie in ihren Körper zurückgekehrt sind, nur die Erinnerung an diese außergewöhnliche Möglichkeit.

Der Geist Verstorbener kann mit einem Medium in Kontakt treten, um Nachrichten zu überbringen, aber schließlich ist jeder, du ebenso, in der Lage, diese Art von Informationen zu empfangen.

In der Geschichte, die ich dir jetzt erzählen möchte, ist es der Geist einer 2015 bei einem Autounfall getöteten Mutter, der vier starke Männer kontaktiert, damit sie ihre kleine Tochter retten, die in dem Auto eingeschlossen war, das sie gesteuert hat.

Dieser einzigartige Fall ging wie ein Lauffeuer durch die Vereinigten Staaten, sodass bis heute viele Amerikaner darüber Bescheid wissen.

An diesem Vormittag, ungefähr achtzig Kilometer von Salt Lake City entfernt, haben zwei Polizisten und zwei Feuerwehrleute eine ziemlich laute Stimme wahrgenommen, die aus dem Inneren eines zerstörten Autos kam: „Helfen Sie uns, helfen Sie uns, wir sind im Innenraum!" Die vier Rettungsprofis waren zur Stelle, weil ein Angler sie alarmiert hatte, der den Blechhaufen am frühen Morgen unter einer Brücke entdeckt hatte.

Als sie das hörten, dachten die Retter an eine im Auto eingeschlossene Person. All ihre Kräfte mobilisierend zogen sie so schnell wie möglich nur mit der Kraft ihrer Arme das Fahrzeug aus dem Wasser und befreiten ein kleines Mädchen, das bewusstlos und stark unterkühlt war und fast im eiskalten Wasser des Flusses in Utah ertrunken wäre.

Direkt neben dem Mädchen, das mit knapper Not dem Tod entkommen ist, lag der leblose Körper der Mutter. Nach der Starre des Leichnams und der Farbe der Haut zu urteilen, war der Tod nicht erst kürzlich eingetreten.

„Wir denken, dass sie auf Grund der Schwere der Verletzungen, die sie erlitten hat, sofort tot war. Ich glaube nicht, dass sie den Aufschlag überlebt hat. Die Verletzungen waren zu schwer", erklärte später Leutnant Matt Johnson, einer der zwei Helden der Polizei.

Nun, der Unfall ereignete sich am Freitag gegen 22:30 Uhr und die Rettungsaktion fand am Samstagvormittag kurz vor 12 Uhr statt, d.h. etwa 13 Stunden später.

Die Stimme, die das kleine Mädchen rettete, konnte nur vom Geist der seit mehreren Stunden verstorbenen Mutter stammen.

Die Stimmen der Toten können sich in bestimmtem Umständen hörbar machen, um ihre Angehörigen zu warnen oder zu beruhigen.

Marie-Christine bat mich in einem Brief um meine Meinung zu einer einzigartigen Kommunikation mit dem Jenseits.

*„Lieber Doktor,*

*ich berichte Ihnen über etwas, das mich erschüttert hat und das Sie mir vielleicht erklären können auf Grund Ihrer Erfahrungen mit dem Tod und zahlreicher Schilderungen, die sie darüber erhalten haben.*

*Mein Ehemann André ist am 12. März 2014 an Lungenkrebs verstorben. Er war erst 52 Jahre alt. Wir haben uns wie am ersten Tag unserer Begegnung geliebt und diese Trennung ist für mich ein großer Kummer. Ich glaube, wenn ich Ihr Buch Les 3 Clés pour vaincre les pires épreuves de la vie (Die 3 Schlüssel, um die schlimmsten Belastungsproben des Lebens zu meistern, A.d.Ü.) nicht gelesen hätte, wäre ich heute nicht mehr auf der Welt. Ich verdanke Ihnen viel. Sie sind eine der wenigen Personen, denen ich erzählen kann, was mir passiert ist. Die meisten Menschen glauben nicht an übernatürliche Dinge und denken, dass diejenigen, die daran glauben, Spinner sind.*

*Am 22. März, zehn Tage nach Andrés Tod, klingelte mein Handy. Als ich die Nummer des Anrufenden erkannte, begann mein Herz zu rasen und meine Beine fühlten sich wie Watte an. Das war die Nummer von André! Ich tippte auf „antworten“ und hörte: „Ich liebe dich sehr, Moumi.“ Das war André, ich bin sicher. Seine Stimme war fern und geflüstert, aber ich habe sie sehr wohl erkannt. Er hat mich „Moumi" genannt, er war der einzige, der diesen Spitznamen verwendete. Ich hatte nicht die Zeit, mit ihm zu sprechen oder irgendetwas zu sagen. Die Verbindung war plötzlich unterbrochen. Ich saß eine ganze Weile auf meinem Stuhl und fragte mich, ob ich geträumt habe. Dann habe ich überprüft, ob das Handy meines Mannes noch im Karton war, in den ich es gelegt hatte. Es war da. Aber es funktionierte nicht mehr. Es war nicht mehr aufgeladen worden und hatte keinen Akku mehr. Ich lud ihn wieder auf. Es war nichts über diesen Anruf in der Anrufliste belegt. Auch nichts im Verzeichnis meines Handys. Es war, als hätte dieser Anruf niemals existiert.*

*Ich hoffe auf eine Erklärung von Ihnen, lieber Doktor, denn diese Geschichte hat mich tief erschüttert und ich würde gerne verstehen, wie so etwas möglich ist."*

Hier meine Antwort:

*„Liebe Marie-Christine,*

*Herzlichen Dank für Ihr Lob über mein Buch „Les 3 clés". Ich bin glücklich, dass es Ihnen die notwendige Unterstützung geben durfte, um mit Ihrer schweren Belastungsprobe umzugehen. Vielleicht kann es dazu beitragen das Unannehmbare und vor allem das Unerklärliche zu akzeptieren?*

*Sie haben ein Geschenk von unschätzbarem Wert aus dem Jenseits erhalten. Über den Tod hinaus hat André, Ihr über alles geliebter Mann, sein Überleben aufgezeigt, als er Ihnen sagte, dass er Sie sehr liebe. Ist dies nicht das Wichtigste? Wollen Sie die Tatsachen leugnen, weil sie nicht erklärbar sind? Niemand ist bis heute in der Lage, zu erklären, wie so etwas möglich ist. Niemand ist bis heute in der Lage, alle Phänomene, die mit dem Jenseits verbunden sind, zu verstehen. Niemand ist bis heute in der Lage, zu erkennen, wie sich die Welt der Geistwesen organisiert, oder ihre Vorgehensweise zu wissen, um mit uns in Kontakt zu treten. Niemand. Das ist kein Grund, um die Offensichtlichkeit zurückzuweisen und all das zu leugnen. Das Wichtigste ist es, zu akzeptieren und sich zu bedanken, wenn solche Phänomene zu uns kommen. Ich danke Ihnen von ganzem Herzen für diese wunderbare Schilderung, die ich mit Ihrer Erlaubnis in eines meiner nächsten Bücher aufnehmen werde.*"

Wir haben die lästige Angewohnheit, alles verstehen und alles erklären zu wollen, und zu leugnen, was wir nicht verstehen oder erklären können. Uns mangelt es ein wenig an Bescheidenheit, findest du nicht auch? Wir befinden uns im Kindergarten und wollen die schwierigsten Gleichungen lösen können. Zu witzig!

Es gibt Suchende, die Stimmen aus dem Jenseits einfangen. Sie verwenden Tonbandgeräte, um die unterschiedlichen Töne aufzunehmen, die sie in einer andauernden Geräuschkulisse finden, die ausgesandt werden können von zerknülltem Papier, durch fließendes Wasser oder durch ein Radio, dessen Aufnahme zwischen zwei Sendern reguliert wird.

Indem sie geduldig die empfangenen Töne anhören, erhalten sie oft ungetrübte Nachrichten. Man muss ein trainiertes Ohr haben und Vorsichtsmaßnahmen ergreifen, um nicht irgendetwas Unwichtiges zu hören. Ich rate dir davon ab, diese Art der Suche allein und ohne Schutz zu versuchen.

Wenn es dich interessiert, kannst du seriöse Einrichtungen finden, die das praktizieren, was man „instrumentale Transkommunikation" oder TCI nennt.

Wie André starb meine Cousine Chantal an Lungenkrebs. Diese Krankheit sorgte für ein vorzeitiges Lebensende im September 2013. Sie war erst 52 Jahre alt. Kurz vor ihrem Tod sagte sie uns: „Am Tag meiner Beerdigung werde ich euch einen kleinen Glimmstängel unter die Nase halten!“ Und tatsächlich, als wir uns an diesem Tag vor ihrem Sarg versammelten, nahmen meine Frau und mein Sohn sehr deutlich einen Geruch von Tabak wahr; genau genommen von Goldo, der Zigarettenmarke, die sie getötet hat. Ich selbst habe nichts gemerkt, was nicht erstaunlich ist, da mein Geruchssinn sehr wenig entwickelt ist.

Wie man sich vorstellen kann, war während der Zeremonie kein Raucher in der Nähe. Umso erstaunlicher ist es, dass wir an der frischen Luft waren und der Wind an diesem Vormittag recht stark wehte und sehr schnell diese Art von Rauch vertrieb!

Noch verblüffender ist die Geschichte von Manon. Diese junge Frau lebte mit Juliette zusammen, ihrer langjährigen Freundin. Sie waren im zweiten Jahr ihres Medizinstudiums und teilten mehr als nur diese Wohnung, denn sie hatten kein Geheimnis voreinander. Gegen 19 Uhr ging Manon Zigaretten kaufen. Sie brauchte unbedingt welche, denn sie wollte einen Teil der Nacht aufbleiben, um für ein am nächsten Vormittag stattfindendes Examen zu lernen. Sie war spät dran mit ihren Vorbereitungen und hatte Angst, auf ein Thema zu stoßen, in dem sie sich nicht auskannte.

Sie hat dieses Examen niemals gemacht. Als sie die Straße überquerte, wurde sie von einem Lastwagen überfahren und auf der Stelle getötet. Juliette brach völlig zusammen. Und dennoch, als sie am Tag des Begräbnisses eine Ansprache hielt, wagte sie es, humorvoll zu sein, was Manon so sehr liebte: „Du hattest letztendlich Recht, Manon, nicht zu glauben, was auf der Zigarettenpackung steht: Rauchen tötet nicht langsam!“ Für diese humorvollen Worte in der Öffentlichkeit hätte

Manon ihr ein Geschenk gemacht, ganz sicher. Das hatte sie sich angewöhnt, wenn ihre Freundin sie überraschte oder zum Lachen brachte. Eines Tages hatte sie ihr ein Tuch geschenkt, um sich erkenntlich zu zeigen, dass sie den Anatomieprofessor gefragt hatte, ob die Leichname, die sie für die Sektion vorbereiteten, lebendig waren.

Kurz nach der Beerdigung wachte Juliette mitten in der Nacht durch einen Geschmack auf, den sie nur zu gut kannte: den von Erdbeere Melba, was Manon ihr immer zubereitete, um ihr eine Freude zu machen oder sich für einen Streit zu entschuldigen. Juliette stand auf und ging in die Küche, um ihren Durst zu stillen und sich von dem quälenden Gefühl zu befreien, das sich in ihrem Mund ausgebreitet hatte. Sie wusste, dass immer eine Flasche frisches Wasser im Kühlschrank ist, in Voraussicht sehr Alkohol betonter Abende. Aber als sie den Kühlschrank öffnete, erwartete sie eine riesige Überraschung: ein wunderbarer Becher mit Erdbeere Melba stand darin!

Die Medizinstudentin traute ihren Augen kaum. Sie ist ja nicht verrückt. Seit dem Tod von Manon lebte sie allein in der Wohnung und ist weder mondsüchtig noch leidet sie an Gedächtnisschwund. Sie wusste, dass sie das Dessert nicht selbst gemacht hatte.

Juliette hat mit mir Kontakt aufgenommen und mir alles erzählt. Sie ist heute überzeugt, dass dieser Becher von ihrer langjährigen Freundin Manon geschickt worden ist.

Ich habe sie nicht eines Besseren belehrt. Dieser Vorfall, obwohl unerklärlich, klingt nicht sehr real.

Es waren ganz andere Umstände, als Isabelle die Anwesenheit ihres vor drei Jahren verstorbenen Mannes François spürte.

Sie saß am winzigen Strand einer kleinen Bucht, zu dem sie jeden Sommer gefahren sind, und meditierte, indem sie die auslaufenden Wellen zu ihren Füßen betrachtete. Plötzlich tauchte in ihren Gedanken ein vertrauter Duft auf: der Duft des Eau de Toilette ihres schmerzlich vermissten Ehemannes. Gleichzeitig verspürte sie einen Druck um Hals und Schultern, als wäre François gekommen, um sie aus der Ebene des Todes zu umarmen. Das ist eine Geste, die er bei solchen Gelegenheiten zu seinen Lebzeiten gemacht hätte. Sie konnte sich nicht daran hindern, sich umzudrehen und zu rufen: „Bist du das, François?“ Aber es war an diesem einsamen Strand niemand zu sehen. Sie ist allein. Nun ja, scheinbar…

Der Geist von Toten kann auch Himmelszeichen in Form von Wolken erzeugen. Eines der eindrucksvollsten, das ich erhielt, war das einer jungen Mutter, die in Toulon anlässlich einer Buchmesse zu mir kam.

„Ich muss Ihnen etwas zeigen“, sagt sie und holt aus ihrer Geldbörse eine mit Kunststoff beschichtete Fotografie heraus.

Inmitten des Gedränges vor meinem Stand, an dem ich meine Bücher signierte, hatte sie Schwierigkeiten, mir ihr wertvolles Dokument zu reichen. Ihre blonden Haare schimmerten unter dem Neonlicht, doch das schwarze Kleid verdunkelte dieses Leuchten. Ein kleines Silberkreuz hing um ihren Hals. Sie gab mir mit ein wenig zitternder Hand das Foto.

„Erkennen Sie nichts Besonderes auf dem Foto?“

Auf den ersten Blick handelte es sich um eine schlecht ausgerichtete Landschaft. Das Oberteil eines Schaukelgerüstes oder etwas dieser Art dominierte die Mitte des Fotos. Im Hintergrund konnte man den oberen Bereich eines Portals vermuten, das sich in Form eines ziemlich hohen Gitters verlängerte. Die Farben waren blass. Man konnte sich den Garten eines Hauses vorstellen oder einen Schulhof am frühen Morgen. Ich verstand die Bedeutung des Fotos nicht. Ungeduldig sagte sie:

„Also, Doktor?“

„Was soll ich auf diesem Foto sehen?“

„Den Himmel. Schauen Sie gut auf den Himmel. Sehen Sie denn nichts?“

Ich konzentrierte mich… Tatsächlich, auf der rechten Seite zeichneten große Wolken das Profil eines Kindergesichtes; eine kleine Stupsnase, volle Wangen und eine hohe Stirn beherrscht von einer lockigen Frisur. Die Formen waren präzise und die Klarheit des Porträts bildete einen Kontrast zu den weich fließenden Linien der umgebenden Elemente. Ich konnte nur bestätigen:

„Ja, Sie haben Recht, ich kann perfekt den Kopf eines Kindes erkennen, da oben rechts."

Die Augen meiner Ansprechpartnerin leuchteten vor Freude. Ihr schüchternes Lächeln ermutigte mich, unser Gespräch fortzusetzen.

„Und jetzt, Doktor, drehen Sie bitte das Foto um."

Auf der Rückseite klebte ein anderes auf dieselbe Größe ausgeschnittenes Foto. Man sah den Oberkörper eines Kindes. Der Kopf hatte eine ergreifende Ähnlichkeit mit dem von den Wolken gebildeten Kopf: dasselbe Profil, dieselbe Ansicht, dieselbe Frisur. Ich bemerkte auch den identischen Wirbel oben am Kopf, der eine Art Krone mit drei Zacken bildete. Es gab keinen Zweifel, es handelte sich um dasselbe Gesicht auf beiden Seiten des Fotos.

„Das Foto wurde von einem Fotografen sechs Monate vor dem Ausbruch von Leukämie bei Benjamin gemacht. Nach seiner Chemo verlor mein Sohn alle seine Haare. Letztes Jahr ist er von uns gegangen. Das Foto seiner Himmelserscheinung habe ich zwei Wochen nach seinem Tod vor unserem Haus aufgenommen.

Ich war durcheinander. Warum wollte sie mich unbedingt über dieses außerordentliche Geschenk aus dem Jenseits informieren? Was erwartete sie von mir? Und vor allem, was soll ich einer Mutter sagen, die ein solches Drama ertragen musste?

Es hat mich tief berührt. Ich wollte noch mehr wissen.

„Dieses Foto von den Wolken..."

„Ja?"

„Sie… wie soll ich sagen… Welcher Anlass hat Sie dazu geführt?"

„Das war wegen des Katers."

„Wegen des Katers?"

„Ja, Ronron, der Kater von Benjamin. Er miaute vor der Tür. Ich bereitete gerade das Frühstück zu und dachte, er wolle wie jeden Morgen sein Geschäft machen. Aber als er draußen war, miaute er noch stärker, also bin ich hinausgegangen, um zu sehen, was er wollte. Ronron saß da und blickte zum Himmel. Als ich sah, was er in den Wolken beobachtete, dachte ich, ich würde verrückt. Ich habe sofort meinen Mann geweckt. Auch er traute seinen Augen kaum. Wir haben so viele Fotos wie möglich gemacht. Einige Minuten später verflüchtigte sich das Bild und verschwand langsam.

Einige Stunden später im Zug nach Toulouse dachte ich an Paul-Émile Victor. Dieser berühmte französische Ethnologe schickte seiner Frau nach seinem Tod ebenfalls ein beeindruckendes Himmelszeichen.

Kurz vor seinem Tod hat er ihr versprochen, wenn ein Leben nach dem Tod existiert, würde er ein Mittel finden, um es sie wissen zu lassen. Seine Schriftstücke zeigen sein Bemühen, das Überleben des Geistes nach dem Tod zu beweisen, wenn es wirklich wäre:

*„Ich gehe weg mit dem Wind und wahrscheinlich ins Nichts, aber wenn dieses Nichts sich als Schatz erweist, werde ich mit allen Mächten kämpfen, um meine Stimme hörbar zu machen, bereichert von dieser neuen Erfahrung, um euch das Versprechen zu geben, das ich der Stille entreißen würde. Damit ihr wisst, dass mein Herz reicher geworden ist, meine Seele allwissend. Damit ihr wisst, da gibt es etwas, etwas Anderes. Etwas Anderes, das nur Gott sein kann. Der materielle Mensch, der wir sind, kann es sich nicht vorstellen und es noch weniger begreifen. Aber ich werde kämpfen… ich habe keine Angst zu sterben. Das ist das Schicksal von allem, was lebt und nur lebt, weil der Tod das Ende davon kennzeichnet."*

Die Asche von Paul-Émile Victor wurde seinem Wunsch gemäß im Pazifischen Ozean bei Bora-Bora verstreut.

In diesem Moment empfängt seine Ehefrau ein berührendes Zeugnis von Liebe:

Hoch, sehr hoch im unberührten Himmel von einem tiefen Blau wie man es nur dort erleben kann, zeichnete ein zartes Wolkenfeld die Umrisse eines wunderschönen weißen Herzens. Damit man erkennt, dass sein Herz reicher geworden ist und seine Seele allwissend, wie er es einige Wochen zuvor geschrieben hat.

Ja, die Welt der Geistwesen schickt uns himmlische Zeichen. Auch du kannst Botschaften aus dem Jenseits empfangen, indem du die Wolken beobachtest. Wenn du dich dieser Realität öffnest, erkennst du Formen, Gesichter und Umrisse.

In der Nacht wird sich dir ein anderer Anblick darbieten: Klares Leuchten, das das ebenholzschwarze Himmelsgewölbe durchquert, Sternenströme, die sich aus der Dunkelheit erheben und verschmelzen, verwirbelnde Fontänen, goldglänzende Sterne, silberne Halbmonde, entferntes Blinken werden ganz tief in dir ein unendliches Gefühl der Hoffnung entstehen lassen. Etwas, das dich denken lässt, dass du zu einem Ganzen gehörst, und dass dieses Ganze allwissend ist und für ewig lebt. Nein, wir sind nicht nur Materie. Wir sind spirituelle Wesen, die während des irdischen Lebens einen Körper bewohnen. Für eine Zeit, die auf der kosmischen Leiter nur ein Wimpernschlag lang ist.

Da viele Leute von meinem Interesse an unerklärlichen Phänomenen wissen, bekomme ich viele Fotos geschickt, auf denen Gesichter oder menschliche Umrisse erscheinen. Solche Bilder entstehen normalerweise durch sich überlagernde Kontraste, sodass unerwartete Formen entstehen. Einige sind sehr beeindruckend, andere weniger deutlich. Du kannst auch einmal versuchen, solche Bilder auf deinen eigenen Fotos zu entdecken. Wenn du geduldig bist, wirst du überrascht feststellen, dass deine Suche erfolgreich war.

Es war diese Art von Foto, das ich an jenem Tag in einer Buchhandlung erhalten habe, in der ich Widmungen in meine Bücher schrieb. Eine Frau kaufte gerade mein Buch und schenkte mir eine Flasche Wein.

„Vielen Dank, Sie bereiten mir damit sehr viel Freude. Ich sehe, Sie kennen meine Vorliebe dafür “, sagte ich ihr und lächelte.

„Mein Mann schenkt sie Ihnen, nicht ich.“

„Aha, na gut. Also danken Sie ihm in meinem Namen. Sagen Sie ihm, dass er sein Geschenk gut ausgewählt hat.“

„Ich werde versuchen, es ihm zu sagen. Aber es ist schwierig, ich kann nicht immer mit ihm sprechen.“

„Aha?“

„Ja, mein Mann ist vor einigen Jahren verstorben, aber ich kommuniziere regelmäßig mit ihm. Er hat mich gebeten, Ihnen eine Flasche Wein mitzubringen. Ich selbst hätte nicht im Traum daran gedacht. Hier auf dem Foto, das ist er.“

Das Foto war alt. Eine große Eiche bedeckte fast den ganzen Ausschnitt. Am Fuß des Baumes umspülten Gräser den Baumstamm wie Wellen das Bord eines Bootes. Schwere, stämmige Äste senkten sich bis zum Boden.

„Er sieht aus, als würde es ihm gutgehen. Er machte da sicherlich Mittagspause.“

„Das Foto wurde vier Jahre nach seinem Tod aufgenommen. Ich wollte dieses Foto machen, weil ich seine Anwesenheit bei diesem Baum spürte. Im Moment der Aufnahme sah man nichts. Aber als es entwickelt wurde, ist dies dabei herausgekommen!“

Ich war verblüfft…

Ungläubig betrachtete ich das Foto noch näher. Die Kontraste waren stark wie nach einem Gewitter mitten im August. Wenn man es genau untersuchte, konnte man erkennen, dass die Person, die am Fuß des Baumes erschien, vom Licht- und Schattenspiel der Blätter der großen Eiche gebildet wurde. Aber diese Entdeckung machte die Behauptung dieser Dame keineswegs zunichte; ihr Mann war sehr wohl präsent auf dem Foto, denn selbst ein Profi hätte diese Spezialeffekte niemals zu Stande gebracht und ein solches Bild erzeugt, noch nicht mal mit einer Methode von perfekter Beleuchtung.

Mit Hilfe unserer fünf Sinne können wir also die Existenz der Geistwesen wahrnehmen. Wir können sie hören, sehen, Gerüche oder Geschmack empfinden, die sie uns senden, wodurch wir ihren Kontakt spüren können.

Alle diese wunderbaren Botschaften werden nur von denjenigen wahrgenommen, die bereit sind, sie zu akzeptieren.

Öffne dich also diesen Möglichkeiten und du wirst empfangen.

# Was tun, wenn ein geliebter Mensch stirbt?

Du hast gerade erfahren, dass ein Mensch, den du sehr geliebt hast, oder ein Tier gestorben ist.

Du wirst sicher sehr unglücklich sein. Du wirst schreien, weinen und das Gefühl haben, alles um dich herum bricht zusammen.

All diese Reaktionen sind normal.

Du denkst, du wirst niemals mehr die Momente erleben, die du mit dieser Person oder diesem Tier verbracht hast. Du fragst dich, wie die anderen dir in dieser Belastungsprobe begegnen werden. Werden sie dich meiden, um sich nicht mit dem Unglück auseinandersetzen zu müssen? Was bist du für sie? Werden sie in der Lage sein, dich zu unterstützen? Wie wirst du dein Leben weiterführen können ohne ihre Anwesenheit? Das scheint dir sogar unvorstellbar, unmöglich.

So unvorstellbar und unmöglich, dass du vielleicht selbst verschwinden möchtest, indem du dir vorstellst, das Leben zu verlassen. Du denkst eventuell an einen Selbstmord. Selbst wenn du weißt, dass eine solche furchtbare Tat viele Menschen unglücklich machen wird. Im Grunde scheint nur dein eigener Schmerz in diesen schrecklichen Momenten zu zählen.

Deine riesige Verzweiflung ruht nur auf deiner kleinen Person: die Sehnsucht nach der Vergangenheit, die Ängste vor der Zukunft, was du in den Augen der anderen darstellst. Deine Mängel, deine Vergangenheit, deine Zukunft, deine Selbstdarstellung. Du und nur du. Du weinst nur über dich selbst. Aber wie ich dir schon sagte, es ist normal zu weinen; es ist sogar unerlässlich, um den Schmerz loszulassen und wieder zur Ruhe zu kommen.

Du denkst zu wenig an den Geist des Menschen oder des Tieres, der im Jenseits vom Körper befreit ist, um in die bedingungslose Liebe und das absolute Wohlbefinden einzugehen.

Es ist echt nicht leicht, aber du musst deine Bedürfnisse vergessen und den Geist des Menschen, der in die jenseitige Welt übergeht, durch Gebete begleiten. Wenn du ihm sagst, dass du ihn sehr liebst, kannst du ihm helfen, sich von den Verbindungen, die er noch zu seinem Leben auf der Erde hat, zu befreien. Sag ihm, dass du ihn für immer lieben wirst. Sag ihm, dass du weißt, dass er jetzt im göttlichen Licht ist und dass du ihn, wann immer du ihn brauchst, rufen wirst, damit er dich durch dein ganzes Leben begleiten kann.

Du wirst voller Trauer sein, Zorn, Angst und vielleicht sogar Hass. Alle diese negativen Gefühle sind normal und nicht ungewöhnlich, aber es sind schlechte Energien, die dein Leben für dich unmöglich machen oder schwere Krankheiten entstehen lassen, wenn du sie zu lange beibehältst.

Ich berichte jetzt von der Unterhaltung mit Rachelle, einer vierzigjährigen Frau, die Vater und Mutter durch einen Autounfall verloren hat, als sie erst 13 Jahre alt war. Unser aufgezeichnetes Gespräch beschreibt perfekt, was ich dir gerade gesagt habe.

„In welcher Verfassung waren Sie, als man Ihnen mitteilte, dass Sie von nun an ein Waisenkind sein werden?“

„Ich wusste nicht, was ich tun sollte. Ich habe mich in meinem Zimmer eingeschlossen und wollte niemanden mehr sehen. Ich konnte nur weinen.“

„Waren Sie zornig?“

„Ja, ich hasste die ganze Welt. Ich wollte nicht mehr an Gott glauben. Er hat mir meine Eltern weggenommen. Er konnte also nicht existieren. Ich hasste auch meine Freundinnen dafür, dass sie ihre Eltern noch hatten. Ich war neidisch auf ihr Glück. Ich hasste sogar meine eigenen Eltern, dass sie mir so etwas Schlimmes angetan haben.“

„Hatten Sie Angst?“

„Ja klar, hatte ich Angst. Ich war viel zu jung, um alleine ohne die Fürsorge der Eltern leben zu können. Meine Großeltern haben dies übernommen. Sie haben mich bestmöglich erzogen. Sie waren wunderbar. Ich selbst dagegen war nicht immer nett zu ihnen. Ich wollte zum Beispiel nicht, dass sie mich von der Schule abholten. Ich hatte Angst, dass die anderen dachten, es wären meine Eltern, und mich verspotten würden, weil sie so alt waren. Ich habe mich geschämt.“

„Und Ihre Freunde? Haben sie Ihnen geholfen, all das zu überstehen?“

„Oh, nein! Das kann man nicht sagen. Es wollte mich keiner mehr sehen. Ich denke, sie waren unsicher und wussten nicht, wie sie mit mir reden sollten. Sie haben sich geniert... Ich war also allein mit meinen Großeltern und den Erinnerungen an meine Eltern. Fotos, Gegenstände, Orte; all die Dinge, die mich umgaben, nahmen mich mit in das Gefühl der Leere ihrer Abwesenheit.

„Hatten Sie Sehnsucht nach den Momenten, die niemals mehr wiederkehren würden?“

„Nein, der Ausdruck Sehnsucht ist zu schwach! Da war ein immenser Mangel, eine enorme Leere, ein Abgrund!“

Rachelle wollte mich sprechen, weil sie eine Nahtoderfahrung durch einen Autounfall hatte, der fast am selben Ort geschah, 20 Jahre nachdem ihre Eltern ums Leben gekommen sind. Ihr Bericht ist besonders berührend:

*„Ich kann weder sagen, wie viel irdische Zeit bei meiner Erfahrung vergangen ist, noch an welchem Ort ich mich befand. Was mich besonders beeindruckt hat, waren zwei leuchtende Umrisse, die sich mir näherten. Sie strahlten eine unendliche Liebe aus. Ich fühlte, dass dies auch meine Liebe war. Es war, als wären wir für immer eins. In Ewigkeit. Diese zwei Lichtwesen waren sie... meine Eltern: Papa und Mama. Sie waren da und lebendiger als jemals zuvor. Das Jenseits hatte sie mir wieder geschenkt. Sie lächelten mich an und danach bin*

*ich direkt wieder in meinen Körper zurückgekehrt. Ich weiß jetzt, dass Gott existiert und seine Güte unendlich ist.“*

Rachelle hat den Verlust ihrer Eltern als Katastrophe erlebt und die durchlittenen Gefühle in ihre Trauer mitgenommen. In ihrem Bericht sind sie gut zu erkennen: Zorn, Angst, Scham, Hochmut, Neid, Hass, Eitelkeit, Egoismus. Doch nach dieser außergewöhnlichen Begegnung mit dem Jenseits konnte sie Frieden und Freude finden.

Natur erleben kann uns helfen, solche Zustände, die in eine Depression führen können, zu überwinden.

Ich zeige dir eine Möglichkeit, die ich anwende und die dir helfen kann, die schlechten Gedanken zu besiegen.

Suche einen runden Kieselstein, der gut in deiner Hand liegt und behalte ihn immer in deiner Tasche. Immer wenn du Traurigkeit, Zorn, Angst oder Hass verspürst, drücke ihn ganz fest und sage dir, dass du alle diese negativen Gefühle diesem Stein gibst. Je mächtiger deine Empfindungen sind, umso fester und länger musst du ihn drücken. Du machst das so lange, bis du dich beruhigt hast und zufrieden bist. Die Mineralien, alle Mineralien haben das Vermögen, negative Energien aufzusaugen. Es ist nicht nötig, Geld auszugeben und teure Steine zu kaufen!

Wenn du danach die Gelegenheit hast, an einem Fluss, einem See, einem Bach, einem Ozean, einem Meer zu sein, wirf ihn hinein und suche dir einen anderen Stein. Deine schlechten Gedanken werden verschwinden mit dem Stein, der sich im Lauf der Zeit reinigen wird. Das Geräusch der Wellen ist das Flüstern der Geistwesen, die uns in unserem Leid trösten wollen. Du musst diesem Murmeln lauschen lernen. Schließe die Augen und denke daran.

Der neue Kieselstein, den du in deiner Tasche trägst, ersetzt also den vorhergehenden. Du wiederholst dieses kleine Ritual, bis du deine

Ruhe wiederfindest. Ich garantiere dir, dass dies ein exzellentes Heilmittel ist. Es ist nicht teuer. Viel billiger als manche Medikamente gegen Depression.

Du kannst auch mit Bäumen arbeiten. Bäume haben große Wurzeln, die tief in die Erde reichen. Es sind Lebewesen, deren Wipfel in Richtung des Himmels wachsen. Sie senden gute Schwingungen aus. Indem du dich an sie anlehnst, sie umarmst, und ihnen sagst, wie sehr du sie liebst, fühlst du ihre Kraft. Sie schicken all deine negativen Gedanken ganz tief in die Erde und füllen dich mit positiver Energie, die sie aus dem Jenseits empfangen. Bäume sind wie Antennen, die uns mit den kosmischen Kräften verbinden.

Wenn du deinen Körper mit ihnen verbindest, wirst du das spüren, ganz bestimmt.

Du kannst auch, wenn du möchtest, einem imaginären Freund schreiben, in Form einer Zeitschrift, in die du auch malen und zeichnen kannst, und beobachte dann, wie sich deine Eingebungen entwickeln.

Der Tod eines geliebten Menschen ist auch Gelegenheit, sich Gott zu nähern durch seine ganze Schöpfung hindurch. Wo du auch bist, wer du auch bist, du wirst Ihn finden. Gott ist überall und es reicht aus, an Ihn zu denken, um Seine bedingungslose Liebe zu spüren; durch Menschen, die einen Herzstillstand hatten, nähert Er sich für wenige Sekunden. Man spricht in allen Religionen von Gott. Sein Name unterscheidet sich je nach Kultur und Religion. Das ist nicht wichtig, nur Seine Energie der Liebe und Güte ist es, denn sie ist so beständig wie real. Sie fördert Vertrauen und Hingabe und inspiriert zur Suche nach der persönlichen Entwicklung, um andere und die ganze göttliche Schöpfung zu lieben; das heißt alle Dinge und Lebewesen, die uns umgeben. Du kannst Gott mit oder ohne Religion finden. Was auch geschieht, du fühlst ihn immer dann, wenn du ihn rufst, seine Präsenz wie einen kleinen Schauer. Das versichere ich dir.

# Wir sterben niemals

Während eines Herzstillstandes verlässt der Geist den Körper und erfährt das Absolute. Wenn die Reanimation erfolgreich verläuft, erinnert er sich nach seiner Rückkehr zur Erde an nichts oder fast an nichts; allenfalls an Bruchstücke dieser besonderen Reise.

Die wichtigste Lehre, die er daraus ziehen wird, ist, zu erkennen, dass wir auf diesem Planeten leben, um zu lernen, unseren Mitmenschen bedingungslose Liebe entgegenzubringen, ohne die geringste Gegenleistung zu erwarten.

Ich habe weitere Berichte über das Erlebnis des vorübergehenden Todes erhalten, durch die ich noch erstaunlichere Dinge kennenlernte über die Möglichkeit, sich zu entwickeln.

Nach diesen Erzählungen, die durch mediale Menschen bestätigt wurden, wählt der im Jenseits angekommene Geist die Art und Weise, sich fortzuentwickeln, nachdem er erkannt hat, dass er definitiv tot ist. Er entscheidet über seinen Weg, sein nächstes Leben und erkennt, je schwieriger die zukünftigen Aufgaben sind, umso mehr nähert er sich der absoluten Weisheit.

Er kann wählen, sich in seinen ursprünglichen Körper zu inkarnieren, wie es beim Erlebnis des vorübergehenden Todes vorkommt, oder in einen völlig neuen Körper, um eine andere mehr oder weniger leichte Existenz zu durchleben. Er kann sich aber auch entscheiden, seine spirituelle Weiterentwicklung im Jenseits fortzusetzen.

Bedenke also, ein schlechtes Leben zu haben, ist nicht sehr angenehm, aber es ermöglicht denjenigen, die Grausamkeiten erleben, sich in eine gute Richtung zu entwickeln. Es ist leichter, Opfer zu sein, als Täter, auch wenn es in körperlicher und seelischer Hinsicht schwerer ist.

Der Geist des Täters muss eine schwierige und total schwer zu verstehende Prüfung bestehen. Wer wird denn auch Mitleid haben mit einem Mörder oder Verbrecher? Niemand, verständlicherweise. Man wird ihn eher verachten, sogar hassen, da er so viel Leid verursacht hat. Der Geist, der diese Rolle gewählt hat, kann aber seinem Opfer ermöglichen, ihm zu verzeihen, damit es sich selbst weiterentwickeln kann.

Es ist für den Menschen, der Grausamkeiten ertragen muss, natürlich auch nicht leicht. Wenn er jedoch in der Lage ist, bedingungslose Liebe durch Vergebung zu zeigen, macht er einen Riesensprung in seiner spirituellen Entwicklung.

Das ist es, worum ich dich bitte.

Wenn du gelernt hast zu verzeihen, wird es dich mit Freude erfüllen und intensives Glück ermöglichen. Zorn, Wut und Rache bringen dir nur Schmerz und Leid. Du hast nichts zu gewinnen und alles zu verlieren, wenn du in die Höllenspirale der Bosheit eintauchst.

Denke an diejenigen, die dich schlecht behandelt haben, sie wählten diese Rolle im Jenseits aus, um dich besser werden zu lassen, und somit sind sie eigentlich Freunde. Natürlich haben sie auf der Erde keine Erinnerung mehr an diese Wahl.

Wir machen noch und immer Fortschritte, um uns auf dasselbe und einzige Ziel hin zu entwickeln, das der absoluten Weisheit, die eng mit der bedingungslosen Liebe verbunden ist.

Bedingungslose Liebe ist das Ziel unserer Existenz auf der Erde. Sie lässt uns jedes Mal, wenn wir sie praktizieren, Gott immer näher kommen.

Liebe und du wirst geliebt. Gib und du empfängst. Ja, du wirst sehr viel empfangen; viel mehr, als du gegeben hast: in diesem Leben oder im nächsten.

# Wenn Menschen aus dem Jenseits zurückkehren

Wenn ein Geist nach dem Tod im Jenseits ankommt, muss er seine nächsten Aufgaben auswählen, die es ihm erlauben, der bedingungslosen Liebe so nah wie möglich zu kommen.

So kann er sich reinkarnieren in seinen ursprünglichen Körper und sein „vorheriges Leben" umstellen, indem er seine Wertvorstellungen völlig verändert. Das passiert einem Menschen, der eine Nahtoderfahrung hat. Er verändert alles. Er geht auf die Mitmenschen zu, um sie zu lieben, ihnen zu helfen, und schert sich nicht um Geld, Macht, soziale Stellung usw.

Die Wiedergeburt kann auch in einem anderen Körper stattfinden und somit ein völlig unterschiedliches Dasein ergeben. Die Aufgaben, die dann zu erledigen sind, werden in diesem Moment gewählt: von den schwersten bis hin zu den leichteren. Zum Beispiel, als Behinderter geboren zu werden oder in eine Familie mit alkoholabhängigen Eltern. Andere bevorzugen ein kürzeres Leben, aber mit einem genauen Ziel, nämlich anderen Menschen in ihrer Entwicklung zu helfen; dies trifft auf den Fall zu, wenn Kinder nach der Geburt sehr früh sterben.

Und im Übrigen existiert die Zeit nicht. Es läuft nicht ab wie in unserer irdischen Dimension. Im Jenseits haben Sekunden, Minuten, Stunden, Jahre, Jahrhunderte, Jahrtausende überhaupt keine Bedeutung, so wie

Wiedergeburten in jedem Zeitraum stattfinden können. Versuche meinen Gedankengängen zu folgen, es wird Geistwesen geben, die sich in unserer Vergangenheit, und andere, die sich in unserer Zukunft reinkarnieren könnten. Ja, so ist es, du hast es verstanden. Geistwesen, die schon Dinge, die uns die Zukunft bringen wird, kennengelernt haben und die sich in unserer Zeitepoche reinkarnieren. Wie jeder Geist behalten sie eine gewisse Erinnerung an das, was sie bereits erlebt haben. Man hat tatsächlich festgestellt, dass manche Menschen die Fähigkeit von „Visionären" haben, indem sie vorhersahen, was später passieren wird.

Leonardo da Vinci ist ein bewunderter Maler, wie du sicherlich weißt, der das weltberühmte Portrait der *Mona Lisa* geschaffen hat. Er starb 1519 im Alter von 67 Jahren. Dieses Ingenieur- und Erfindergenie zeichnete Flugzeuge, Hubschrauber und Automobile, die erst mehrere Jahrhunderte später konstruiert wurden. Wie wäre das möglich ohne die Epoche kennengelernt zu haben, in der diese Dinge gebaut wurden?

Chico Xavier ist das brasilianische Medium mit dem größten Bekanntheitsgrad und der höchsten Produktivität. Er starb am 30. Juni 2002 im Alter von 92 Jahren, nachdem er mehr als 400 Bücher geschrieben hat. Er hat vor allem die chemischen Formeln von Medikamenten niedergeschrieben, die erst mehrere Jahrzehnte später entwickelt wurden. Woher kamen diese Informationen, wenn nicht aus der Zukunft?

Auch ein Visionär war der großartige Jules Verne, gestorben 1905, nachdem er alle diese wunderbaren Sciencefictionromane geschrieben hat, wo es um die Reise zum Mond mit einer Rakete geht oder um Unterseeboote in einer Zeit, als das alles noch nicht existierte.

Ja, all das kann man leicht erklären, wenn man die Idee akzeptiert, dass manche von uns aus der Zukunft kommen könnten.

# Bevor ich dich verlasse

Wir erreichen das Ende dieses Buches.

Für so ein Buch verfasst der Autor normalerweise ein letztes Kapitel, in dem eine Zusammenfassung seiner Arbeit erscheint und was er damit erreichen will. Kurz, in diesem letzten Teil findet der Leser hauptsächlich das Wichtigste von dem, was er vermitteln wollte.

Also habe ich über die beste Möglichkeit nachgedacht, dies zu verwirklichen. Ich musste einen Weg finden, dieses Ziel zu erreichen, ohne dass es langweilig wird. Ich habe festgestellt, dass die letzten Zeilen meiner Versuche oft eintönig wurden oder Wiederholungen vorkamen, ohne Neues oder Überraschendes zu bringen.

Da ich auf keinen Fall möchte, dass du mich als alten Spaßverderber siehst, der ständig dieselben Argumente wiederholt, wollte ich etwas Originelles und Amüsantes finden.

Nachdem sich in meinem Kopf die unterschiedlichsten Gedankenvorstellungen drehten, um das Ziel zu erreichen, auf das ich fixiert war, kam mir eine Idee: eine erfundene Geschichte zu schreiben, die einzige in diesem Buch. Die Geschichte, in der sich zwei Geistwesen im Jenseits unterhalten, fasst alles zusammen, was ich dir mit diesem Buch beibringen wollte.

Was ich mir ausgedacht habe, ist natürlich eine Fiktion, aber für mich ist diese Diskussion zwischen zwei Geistwesen durchaus plausibel und könnte mehrfach im Jenseits stattgefunden haben.

Schau, wie die Geschichte von Julien und Gabriel in weniger als zehn Minuten entstanden ist. Man könnte sogar vermuten, dass sie mir vom Jenseits „geschickt“ worden ist, du weißt ja nun, dass das Gehirn Informationen auffängt, die uns von einem Geist gesendet werden. Das nennen wir Inspiration.

Vielleicht existieren Julien und Gabriel tatsächlich unter anderem Namen im Jenseits und sie haben mir ihr Abenteuer diktiert, damit du es liest.

Das würde mich absolut nicht erstaunen.

Eines ist sicher: Es war nicht mein Gehirn, die sie geschaffen hat. Ich habe nicht diesen Anspruch. Ich habe die Geschichte gerade noch einmal gelesen und frage mich, wie ich mir all das in so einem kurzen Zeitraum vorstellen konnte! Meine Finger drückten, was ich in meinem Kopf hörte, direkt auf die Tastatur.

Du musst wissen, wenn du ein Gedicht schreibst, eine unbekannte Melodie singst, etwas ohne echtes Modell zeichnest, eine Geschichte oder ein Spiel erfindest, kurz, wenn du in einer Schaffensphase bist, macht dein Gehirn nichts anderes, als die Informationen zu übersetzen, die es empfängt; es „fabriziert“ sie nicht selbst. Du siehst, wir sind alle medial begabt!

# Julien und Gabriel

Julien und Gabriel sind zwei Freunde, die im Alter von 20 Jahren am 27. April 2015 um 1 Uhr 36 bei einem Verkehrsunfall getötet wurden. Sie fuhren im Auto von Jonathan mit, einem jungen Fahrer, der zu viel Alkohol getrunken hatte, nachdem er den Führerschein bestanden hatte. Komische Art zu feiern, findest du nicht auch?

Jonathan war dadurch an beiden Beinen gelähmt und musste für den Rest seines Lebens sechsundsechzig Jahre, zweiundvierzig Tage, acht Stunden, drei Minuten und siebzehn Sekunden in einem Rollstuhl verbringen, bevor er an Herzversagen starb.

Julien und Gabriel treffen sich im Jenseits wieder einige Minuten nach dem Sturz des Autos in die tiefe Schlucht, die an die feuchte Landesstraße angrenzt, auf der Jonathan Schwierigkeiten hatte, durch die Kurve zu fahren. Zu viel Alkohol, zu müde, zu schnell und nun das Ergebnis!

Julien: „Ich erinnere mich nicht, diese Art und Weise ausgesucht zu haben, um hierherzukommen."

Gabriel: „Ich auch nicht. Übrigens habe ich am Anfang nicht geglaubt, tot zu sein. Ich blieb einen Moment neben dem Auto. Ich erklärte den Leuten, dass es mir gutgeht und dass sie sich um mich keine

Gedanken machen müssen. Als ich merkte, dass mir niemand antwortete, und als ich vor allem den Zustand meines Körpers inmitten von zerknautschtem Blech sah, begann ich zu ahnen, dass ich nicht mehr in ihrer Welt war. Ich wollte den Feuerwehrmann ansprechen, der dir eine Herzmassage machte. Ich klopfte ihm auf die Schulter, damit er sich umdrehte, aber meine Hand fasste nur ins Leere. Sie ging durch seinen Körper hindurch. Und da verstand ich wirklich, dass ich tot war."

Julien: „Wann kam dein Gedächtnis zurück?"

Gabriel: „Als ich diesen Tunnel durchquerte, da hatte ich den Eindruck, so etwas schon einmal erlebt zu haben. Ich wusste, dass ich diese Reise schon gemacht hatte und nach Hause zurückkehrte. Aber ich erinnerte mich an nichts, nicht an dich oder an irgendwelche Aufgaben… nichts! Erst als ich im Licht war, kam mein Gedächtnis zurück."

Julien: „Es war nett, dieses Leben, findest du nicht auch?"

Gabriel: „Ja, vielleicht ein bisschen zu nett, wir haben keine großen Fortschritte gemacht."

Julien: „Es ging nicht besonders um uns in diesem Leben. Du weißt sehr gut, dass wir für die Entwicklung unserer Eltern hingekommen sind. Dank uns werden sie sich der spirituellen Ebene öffnen können. Sie werden von nun an die Gelegenheit erhalten, ihre materiellen Dinge loszulassen, um sich dem Wesentlichen zu widmen. Unsere letzten beiden Male waren viel zu kurz. Unsere letzten plötzlichen Tode als Säugling waren viel zu kurz. Anstatt sich Gott anzunähern, hatte es das Gegenteil bewirkt."

Gabriel: „Mit meinen Eltern habe ich ziemliche Arbeit. Ich habe ihnen schon Zeichen geschickt, aber sie haben nichts gesehen!"

Julien: „Du hast Recht. Es ist das Gleiche mit meinen Eltern. Ich habe mich bemüht, Herzen in den Himmel, auf ihre Möbel, auf ihre Schuhe zu malen, sie mit Schmetterlingen zu umschwirren, weiße Federn ihnen unter die Nase zu schicken, sie sehen nichts. Ich habe sogar einen Vogel gebeten, mit dem Schnabel an ihr Fenster zu klopfen. Der arme Spatz war erschöpft, nachdem er einen ganzen Vormittag geklopft hat, ohne das geringste Ergebnis."

Gabriel: „Hast du ihnen Musik geschickt, von der sie wussten, dass du sie mochtest?"

Julien: „Ja natürlich, daran habe ich auch gedacht. Ich habe ihren Fernseher angeschaltet, ihre Nachttischlampe blinken lassen, ich habe die Glühbirnen ihres Kronleuchters im selben Moment durchbrennen lassen wie die der Stehlampe; das waren sieben Glühlampen, Ihre Glückszahl, denn meine Eltern haben sich am 7. Juli um 7 Uhr morgens auf dem Weg zur Arbeit kennengelernt..."

Gabriel: „Und?"

Julien: „Na nichts!" Als sie zum Beispiel mein Lieblingslied hörten, haben sie geweint, das war alles. Sie haben nicht verstanden, dass es von mir kommen könnte. Sie haben noch niemals verstanden, dass all die Zeichen, die ich ihnen schicke, von mir kommen. Niemals!"

Gabriel: „Ich habe eine ihrer Freundinnen zu meinen Eltern geschickt, die ihnen das Buch *7 Gründe für ein Leben nach dem Tod* geschenkt hat, aber sie waren sehr unfreundlich zu ihr und sagten ihr, dass sie noch nicht bereit seien, solche Literatur zu lesen. Ich hätte es mir denken können. Ich habe schon einmal ein Buch in ihrer Bibliothek fallen lassen. Das Buch lag auf dem Boden und auf der geöffneten Seite habe ich einen Satz rot unterstrichen: „Beunruhige dich nicht, ich werde immer bei euch sein." Aber weißt du, sie haben nicht darauf geachtet. Meine Mutter sagte zu meinem Vater: „Es ist komisch, man könnte glauben, es ist ganz alleine heruntergefallen!" Mein Vater antwortete: „Ja, das ist echt komisch!" Meine Mutter hat das Buch aufgehoben, ohne auf die Seite zu blicken, die ich ihr zeigen wollte. Sie hat es zu den anderen Büchern gestellt, dann hat sie weiter ferngesehen, als wäre nichts geschehen. Dann habe ich denselben Satz auf dem Monitor ihres Computers erscheinen lassen. Aber als sie ihn las, sagte meine Mutter: „Jetzt spinnt er total, dieser PC!"

und hat sofort alles gelöscht. Ich habe außerdem den Schlüsselhalter materialisiert, den ich meinem Vater zum Geburtstag geschenkt habe. Er hatte ihn verloren und war sehr unglücklich darüber. Ich habe ihn nachts neben seinem elektrischen Rasierapparat erscheinen lassen. Als er ihn am nächsten Morgen fand, sagte er. „Ah, ich habe ihn endlich gefunden, wie lange habe ich ihn gesucht..."

Julien: „Und das ist alles, was er gesagt hat?"

Gabriel: „Ja, das ist alles! Er hat noch nicht mal zu verstehen versucht, warum er ihn dort nicht schon vorher gesehen hat!"

Julien: „Pffff! Sie sind wirklich blockiert, das sag ich dir..."

Gabriel: „Ich glaube, es ist ein bisschen zu früh. Sie werden sich verändern…, sie werden sich verändern, aber es wird lange dauern. Wir beide werden daran arbeiten. Ich werde veranlassen, dass sie an einer Sitzung mit einem guten Medium teilnehmen. Wenn wir von Zielen sprechen, was hast du für dein nächstes Leben ausgesucht?

Julien: „Wenn ich mich nicht mehr um meine Eltern bemühen muss, werde ich auf der Erde an Geduld und Vergebung arbeiten. In diesem Bereich muss ich noch viele Fortschritte machen..."

Gabriel: „Das ist eine sehr gute Übung. Ich habe es drei Leben zuvor gemacht. Wenn du möchtest, kann ich mit dir zur Erde gehen und dir helfen."

Julien: „Willst du mein Gegner sein, der mich quält?"

Gabriel: „Ja, mach ich gern. Du bist mein Freund und ich will dir helfen."

Julien: „Ich befürchte, dass du zu nett zu mir sein wirst, denn wir sind enge Freunde."

Gabriel: „Nein Julien, keine Angst. Du hast wirklich gute Gründe, Vergebung zu üben. Ich werde sehr böse zu dir sein. Ein echter Mistkerl. Ich habe deinen Wunsch verstanden."

Julien: „Danke. Ich wusste, dass ich auf dich zählen kann. Wer wirst du sein? Meine Mutter, meine Frau, meine Tochter?

Gabriel: „Lass dich überraschen..."

Julien: „Du kannst es mir ruhig sagen, denn ich werde alles vergessen haben!“

Gabriel: „Ja, aber ich möchte nicht, dass du Intuitionen hast. Auf der Erde erhalten wir Informationen auf diese Weise. Intuition ist das Gedächtnis aus dem Jenseits, das weißt du sehr wohl. Und vielleicht bin ich ein Mann im nächsten Leben. Warum denkst du, dass nur eine Frau in der Lage ist, dich entsprechend zu behandeln?“

Julien: „Schau in meine kommenden Leben...“

Sogleich umgeben Szenen von Gewalt Julien und Gabriel. Man sieht Hände, die langes, blondes Haar zerren, Ohrfeigen auf einer weiblichen Wange, Tränen, die Schminke verlaufen lassen. Schrille Schmerzensschreie und laute Kränkungen. Dann verblasst dieser Strudel aus Zorn nach und nach und entfernt sich mit einer Art klagendem Stöhnen.

Julien: „Du siehst, ich habe wirklich ein Problem mit Frauen. In allen meinen Leben konnte ich ihnen niemals vergeben, was es auch war.“

Gabriel: „Ich kann dir etwas anderes vorschlagen...“

Julien: „Was denn?“

Gabriel: „Sei eine Frau bei deiner nächsten Wiedergeburt. Ich werde ein Mann sein und so wirst du alle deine Probleme regeln.“

Julien: „Warum nicht… Wir müssen noch die Zeitepoche unserer Reinkarnation auswählen; ich hätte gerne das Mittelalter...“

Gabriel: „Mittelalter find ich gut. Ich mochte die Inkarnationen nicht, die wir nach 2050 hatten.“

Eine tiefe Stille breitet sich plötzlich zwischen beiden Geistwesen aus.

Gabriel: „Woran denkst du, Julien?“

Julien: „Ich denke an uns.“

Gabriel: „An uns?“

Julien: „Ja, ich denke an uns und unsere tolle Freundschaft.“

Gabriel: „Und?“

Julien: „In unserer nächsten Inkarnation werden wir die schlimmsten Feinde sein. Du wirst mir sehr weh tun, aber weder du noch ich werden wissen, dass wir in Wirklichkeit die besten Freunde im Universum sind, denn wir werden tatsächlich dieses Gespräch vergessen haben und auch das Leben, was ich ausgewählt habe. Wir werden uns verachten und uns hassen…

Gabriel: „Ja, aber das wird nur die kurze Zeit des Lebens auf der Erde dauern. Wir werden uns nach deiner Prüfung wieder hier treffen.“

Ein dunkelblaues, mit Granitsteinen umgebenes Kirchenfenster füllt den Raum aus. Es stellt den heiligen Michael mit dem Drachen dar.

Julien: „Oh!... Ich muss gehen, Gabriel. Meine Mutter geht gerade in die Kirche, das ist ein gutes Zeichen. Ich muss sie begleiten. Bis bald, Gabriel.“

Gabriel: „Bis sehr bald, Julien.“

Julien: „Ja, sehr bald und für immer Gabriel, mein Freund; in diesem Leben oder einem danach...“

## Weitere Bücher aus dem Verlag Via Nova:

### 7 Gründe für ein Leben nach dem Tod

**Wissenschaftliche Studien eines Mediziners**

**Jean Jacques Charbonier**

3. Auflage

Paperback, 160 Seiten, ISBN 978-3-86616-353-9

Glauben Sie an ein Leben nach dem Tod? Bevor Sie diese Frage für sich endgültig beantworten, sollten Sie dieses Buch lesen! Es könnte Ihre Sicht auf die Dinge und das Leben von Grund auf verändern. Denn all die Erfahrungen, Beobachtungen und Studien, die hier überzeugend, leicht nachvollziehbar und wissenschaftlich fundiert dargestellt werden, machen mehr als nur Hoffnung. Sie lassen eigentlich nur einen Schluss zu: dass unser Bewusstsein nach dem Tod überlebt. Und sie zeigen, dass wir Leben und Tod in einem völlig neuen Licht betrachten müssen – ja!- dürfen! Lassen Sie sich auf dieses einzigartige Leseabenteuer ein, das zu einem der letzten Geheimnisse der Menschheit führt – und vielleicht dazu, dass Sie zukünftig in einem vollkommen neuen Verständnis und großer Gelassenheit durchs Leben gehen werden.

### Auch das Sterben gehört zum Leben

**Heribert Fischedick**

Paperback, 160 Seiten, ISBN 978-3-86616-429-1

Ob wir es wahrhaben wollen oder nicht: Wir alle werden sterben! Die Frage ist ja nur: Wie gehen wir mit dieser unumstößlichen Tatsache um? Dieses Buch ist eine Ermutigung, uns dem Thema offen und ehrlich zu stellen und den Tod als einen natürlichen Teil des Lebens zu betrachten. Es vermittelt elementares Wissen über das Sterben, seine körperlichen Vorgänge, seine seelischen Prozesse und die Rolle des Bewusstseins. Die zutiefst beruhigende Nachricht dieses Buches ist: Wir sind nicht ausgeliefert, können uns wirksam vorbereiten und uns innerlich auf das Unvermeidliche einstellen. Der Autor vermittelt aufgrund seiner vielfältigen Erfahrungen ein unerschütterliches Vertrauen - befreiend und hilfreich für alle, die „Tod und Sterben" noch immer mit Angst, Abwehr und Zweifel begegnen.

### Die Angst vor dem Tod überwinden

**Sterben als transpersonaler Prozess**

**Dr. med. Karim El Souessi**

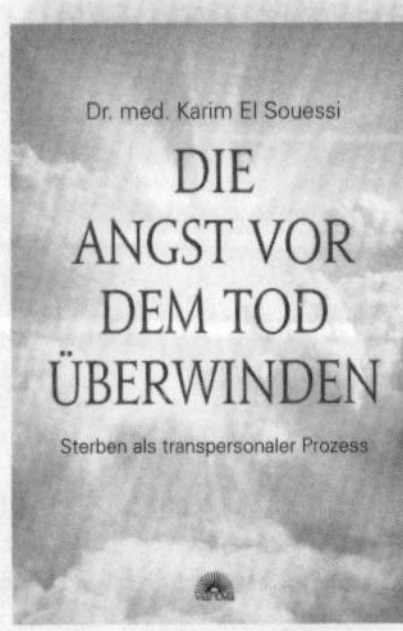


Paperback, 256 Seiten, ISBN 978-3-86616-340-9
E-Book: ISBN 978-3-86616-415-4

Vergänglichkeit und Tod – jeden Tag präsent, sind wir doch geneigt, diese unvermeidliche Realität im Alltag zu verdrängen, ruft sie bei uns doch oft Bedrückung, Angst oder gar Schrecken hervor. Genau aus diesem Grund ist dieses Buch so ungemein wertvoll, denn es gelingt dem Autor, sich diesen Themen behutsam und in großer Gelassenheit zu nähern. Ausgesuchte Zitate, Gedichte, Geschichten und Episoden regen an, sich kontemplativ einzulassen und einen ganz natürlichen Umgang mit den Unabänderlichkeiten des Daseins zu finden. Tod und Sterben sind transpersonale Prozesse im Mysterium des Seins, so die Botschaft, kein Grund sich zu fürchten. Der Tod kann auch Höhepunkt des Lebens sein. Kostbare Meditationen öffnen zugleich Geist und Herz für das Wunder des Augenblicks. Absolut empfehlenswert auch für Sterbebegleiter und Hospitzler.

## Lachen – trotz und alledem

**Darf ich lachen, wenn ich traurig bin?**

**Silvia Rößler**

Paperback, 240 Seiten, 19 Zeichnungen, ISBN 978-3-86616-341-6

Dieses Buch ist wahrhaftig ein kostbares Geschenk für alle, die trotz schwerer Krisen, Krankheiten und Schicksalsschlägen wie Trauer und Tod, eine heitere Lebenshaltung entwickeln – oder sich bewahren – möchten. Wie dies gelingen und regelrecht gelernt werden kann, das zeigt uns die Autorin mit bewegenden Beispielen und authentischen Berichten, ganz praktischen Anregungen und Anleitungen aus den Bereichen Lachyoga, Meditation, Tanz, Singen und Malen. Nichts ist befreiender und berührender als ein ehrliches tiefes Lachen, das nicht nur ansteckend wirkt, sondern nachweislich auch Medizin ist für Körper und Seele. Entdecken Sie die Lebenskunst der Heiterkeit!

## Demenz muss kein Schicksal sein

**Rechtzeitig vorbeugen mit Bewegung, Ernährung, geistiger Aktivität**

**Dr. med. Ute Weiss/Manfred Zick**

Paperback, 144 Seiten, 30 Fotos, ISBN 978-3-86616-317-1

Kaum eine Krankheit der Gegenwart ruft so viel Unsicherheit und Angst hervor wie Alzheimer und Demenz. Auch Forschung und Wissenschaft sind noch weitgehend ratlos. Vor diesem Hintergrund haben sich die Autoren dieses Buches intensiv mit diesem Krankheitsphänomen beschäftigt und kommen zu einem ermutigenden Schluss: Vieles spricht dafür, dass wir mit unserer Lebensweise vorbeugend einwirken können. „Zwar hat niemand die Garantie, einer Demenz zu entgehen, aber jeder die Chance dazu!", so die Autoren, die zahlreiche praktische Anregungen und Tipps zur Lebensgestaltung, hoffnungsvolle Beispiele und einen fundierten Überblick über den aktuellen Wissenstand präsentieren. Dieses Buch sollte ein Standardwerk werden für alle, die sich aktiv oder passiv mit dem Thema „Demenzerkrankungen" beschäftigen!

## Ich war ein Junge auf den Straßen von Bombay

**Amin Sheikh**

Paperback, 144 Seiten, ISBN 978-3-86616-316-4

Dies ist die ergreifende Geschichte von Amin Sheikh aus Bombay, der sich als Straßenkind im Dschungel der indischen Großstadt durchschlägt, Misshandlungen, Hunger und Krankheiten erleidet und dabei doch nie Hoffnung und Mut verliert. Erst in einem Heim für obdachlose Kinder erfährt er erstmals in seinem Leben Schutz und Geborgenheit. Und Amin Sheikh, der nicht verlernt hat, an das Gute im Menschen zu glauben, beginnt einen Traum zu träumen: ein Buch zu schreiben und mit seinem Erlös ein Café zu eröffnen, das Straßenkinder unterstützt. Diesen „Traum" halten Sie nun in Ihren Händen: eine autobiografische Geschichte, die ans Herz geht, voller Freude, Schmerz und Lebensmut und der unbesiegbaren Kraft der Liebe, die im Kleinen wie im Großen Wunderbares bewirken kann.

## Umarme dein Leben, wie es ist

**Nicht das Glück suchen, sondern glücklich sein**

**Jeff Foster**

Paperback, 304 Seiten, ISBN 978-3-86616-421-5

Jeff Foster kennt die Wege und Irrwege der spirituellen Suche aus höchst eigener Erfahrung und sendet uns in diesem Buch inspirierende Botschaften aus dem unmittelbaren Erleben des Erwachens: Gedichte, Selbstreflektionen und Aufsätze, in denen jederzeit spürbar ist, wie sehr es ihm ein Herzensanliegen ist zu vermitteln, dass das „Ankommen im Jetzt" viel einfacher ist, als wir alle denken. Kann man wirklich in jedem Moment zur Ruhe kommen, ganz gleich, wie hoch die Wellen schlagen? Ja! Jeff Foster zeigt uns, dass das Geheimnis offen vor uns liegt: Vertraue auf die kreative Lebendigkeit und Intelligenz des eigenen Seins! Umarme dich und dein Leben, ganz gleich, wie es sich gerade gestaltet! Liebevoll, tiefgründig, heiter und poetisch - eine großartige Inspirationsquelle für spirituell Erwachte!

## Prinzipien des Seins für ein erfolgreiches Leben

Auf allen Ebenen Fülle erfahren

Chuck Spezzano

Hardcover, 240 Seiten, ISBN 978-3-86616-423-9

Das Geschenk des Lebens in seiner ganzen Fülle, Magie und Schönheit zu erleben, Glück, Gesundheit und Erfolg zu erfahren, ist das göttliche Geburtsrecht eines jeden Menschen, so der international bekannte Weisheitslehrer Chuck Spezzano. Dieses Buch könnte für Sie der Schlüssel dorthin sein. 40 Jahre Erfahrung des spirituellen Lehrens, Forschens und Arbeitens sind die Grundlage für die hier herausgearbeiteten Prinzipien der Wahrheit. Sie bieten kostbare Anregungen, Inspirationen, Reflektionen und vor allem ganz und gar praktische Übungen und Lektionen an, um den Weg ins goldene Zentrum eines erfüllten Seins zu finden. Erfahren Sie das Wunder des inneren Wandels auf dem Weg zu Erfolg und vollkommener Erfüllung.

## Meditation heilt

**Schmerzfrei in ein neues Leben,**
**mit Übungsanleitungen und praktischen Tipps**

**Katrin Jonas**

Paperback, 224 Seiten, ISBN 978-3-86616-392-8
E-Book: ISBN 978-3-86616-412-3

Wenn Sie unter chronischen oder langwierigen Schmerzen leiden, könnte dieses Buch für Sie zu einer echten Offenbarung werden. Die Erfahrungen und Erkenntnisse, die die bekannte Körper-Mind-Therapeutin Katrin Jonas vermittelt, sind bahnbrechend und eröffnen vollkommen neue Perspektiven der Schmerztherapie. Die Methoden sind im Klientenalltag vielfach erprobt und entsprechen dem neuesten Wissen der Neuroforschung. Spezifische Achtsamkeits- und Meditationsübungen werden profund und praxisnah vermittelt und ermöglichen einen ganz individuellen, selbstverantwortlichen Umgang mit dem eigenen Schmerz. Entdecken Sie die großartigen Möglichkeiten, wie Sie mit Meditation, geschulter Achtsamkeit und einem neuen Körperbewusstsein Schmerzfreiheit erlangen können!

## Wunder geschehen in jedem Augenblick

**„Ein Kurs in Wundern" im Alltag und im Beruf**
**Mit einem Vorwort von Marianne Williamson**
**Emily Bennington**

Paperback, 192 Seiten, ISBN 978-3-86616-425-3

Wenn sich spirituelles Gewahrsein und die so genannte Normalität des modernen Berufs- und Geschäftslebens miteinander verbinden, können wahre Wunder geschehen. Dass dies mehr als ein Allgemeinplatz ist, stellt die amerikanische Star-Coachin und Bestsellerautorin Emily Bennington in diesem Buch dar. Auf Basis des spirituellen Klassikers „Ein Kurs in Wundern", wirkungsvollen Achtsamkeitspraktiken und vieler ihrer eigenen bewährten Strategien zeigt die Autorin, wie Transformation konkret und praktisch im Alltag und in der Geschäftswelt gelebt werden kann. Dieser außergewöhnliche spirituelle Leitfaden beweist, dass persönliche Karriere, inneres Wachstum, äußerer Erfolg und positiver Bewusstseinswandel in der Welt ganz real werden können.

## Lebenslügen

**Das Alte loslassen – das Neue willkommen heißen**
**Matt Galan Abend**

Hardcover, 144 Seiten, ISBN 978-3-86616-428-4

Leben Sie wirklich Ihr Leben? Oder genügen Sie vielleicht doch einfach nur den Vorstellungen anderer und drehen sich – ohne es zu wissen oder wahrhaben zu wollen - in einem Hamsterrad aus Fremdbestimmungen, Gewohnheiten, alten Konditionierungen und falschen Identifikationen? Die Frage ist ja nur: Sind Sie bereit für die Wahrheit? Ihre Wahrheit? Dann könnte dieses Buch für Sie eines der größten Abenteuer und Entdeckungsreisen Ihres Lebens werden! Was, wenn sich hinter Ihrem gewöhnlichen Alltagserleben und sogar hinter Ihrer eigenen Person noch eine vollkommen andere Welt voll ungeahnter Möglichkeiten und Potentiale verbirgt? Machen Sie eine mutige Bestandsaufnahme, wagen Sie eine innere Revolution! Dieses Buch könnte für Sie der Beginn eines neuen Lebens sein!

## Heilung durch Psychosomatische Energetik •PSE•

**Fragen an den Begründer des effektiven Naturheilverfahrens**
**Dr. med. Reimar Banis**

Paperback, 224 Seiten, 45 farbige Fotos, ISBN 978-3-86616-431-4

Vor 20 Jahren entwickelte Dr. med. Reimar Banis die Psychosomatische Energetik (PSE), mit der es nicht nur gelingt, die tief verborgenen emotionalen Schichten und seelischen Ursachen für die vielfältigsten Krankheiten zu erkennen, sondern sie auch zu heilen. Diese neue Form der Energiemedizin ermöglicht es, energetische Blockaden in kürzester Zeit zu finden und effektiv aufzulösen - ein Quantensprung in der Komplementärmedizin! In diesem Buch steht der Begründer der Psychosomatische Energetik (PSE) dem Journalisten Claus Georg Tornai Rede und Antwort und gibt spannende Einblicke in sein revolutionäres Menschen- und Weltbild, das unser herkömmliches Denken in Frage stellt und ein ganz neues Selbstverständnis von Heilung und Gesundheit vermittelt. Im Anhang werden noch praktische Gesundheitshilfen aus der Naturheilkunde dargestellt.